Sera Moore Williams

Burning Monkey
Mwnci ar dân

Sera Moore Williams is a writer/director, a lecturer for Y Coleg Cymraeg Cenedlaethol, and Senior Lecturer and Award Leader in Theatre and Drama through the medium of Welsh at the University of South Wales, Cardiff. Born in North Wales, she has been living and working in Mid and South Wales for the past thirty years. Her work as a playwright, in both Welsh and English, includes *Crash*, *Son*, *Confetti* and *Riff* for youth audiences, and for adults *A Slag's Gig*, *Byth Rhy Hwyr*, *Trais Tyner*, *Mefus*, *Morforwyn* and *Mayosata*.

Mae **Sera Moore Williams** yn ddramodydd/gyfarwyddwraig, yn ddarlithydd yn y Coleg Cymraeg Cenedlaethol, ac yn Uwch-ddarlithydd ac Arweinydd y dyfarniad mewn Theatr a Drama trwy gyfrwng y Gymraeg ym Mhrifysgol De Cymru. Wedi ei geni a'i magu yn y gogledd, mae hi bellach yn byw ac yn gweithio yn y Canolbarth a'r de ers deng mlynedd ar hugain. Ymhlith ei dramâu, yn y Gymraeg a'r Saesneg, y mae *Crash*, *Mab/Son*, *Conffeti/ Confetti*, a *Riff* ar gyfer yr arddegau, ac *A Slag's Gig*, *Byth Rhy Hwyr*, *Trais Tyner*, *Mefus*, *Morforwyn*, a *Mayosata*.

T0286473

Sera Moore Williams

Burning Monkey

Mwnci ar dân

A dual language edition in English and Welsh

Bloomsbury Methuen Drama
An imprint of Bloomsbury Publishing Plc

BLOOMSBURY

LONDON · OXFORD · NEW YORK · NEW DELHI · SYDNEY

Bloomsbury Methuen Drama

An imprint of Bloomsbury Publishing Plc

Imprint previously known as Methuen Drama

50 Bedford Square	1385 Broadway
London	New York
WC1B 3DP	NY 10018
UK	USA

www.bloomsbury.com

**BLOOMSBURY, METHUEN DRAMA and
the Diana logo are trademarks of Bloomsbury Publishing Plc**

Burning Monkey/Mwnci ar dân was commissioned by Arad Goch

First published 2013
Reprinted 2014 (three times), 2015, 2016

British Library Cataloguing-in-Publication Data
A catalogue record for this book is available from the British Library.

ISBN: PB: 978-1-4725-2839-1
ePDF: 978-1-4725-2199-6
ePUB: 978-1-4725-2283-2

Library of Congress Cataloging-in-Publication Data
A catalog record for this book is available from the Library of Congress.

Series: Modern Plays

Typeset by Mark Heslington Ltd, Scarborough, North Yorkshire
Printed and bound in Great Britain

Contents

Burning Monkey

Characters

Old *is about forty-eight. He's an ex-soldier, who fought in the Malvinas. He suffers from Post-Traumatic Stress Disorder (PTSD). He has a daughter who is about 30 years old (Megan Evans) he hasn't seen for over twenty years. She lives in number 15 Park View.*

Monkey *is about seventeen. He suffers from Attention Deficit Hyperactivity Disorder (ADHD). He's mischievous, not bad, but he's been given an Anti-social Behaviour Order (ASBO). He lives with his mother in number 13 Park View. He doesn't know his father. He wants to join the army.*

Shell *is about fifteen. She's in love with Monkey. She's pregnant, but hasn't told anyone. She lives with her mother who's often absent.*

Musician *never speaks, but follows the action and accompanies throughout. He's young, and his clothes suggest he may have been an (Argentinian) soldier. He is invisible to Monkey and Shell but Old seems aware of him sometimes. He may be the spirit of a young soldier shot by Old.*

The playing area should consist of only the bare minimum.

There are three locations: the frontage of two houses, number 13 and number 15 Park View (they are covered in graffiti); Shell's bedroom; the park area.

Scene One

Monday night.

Park View.

Music.

Monkey *enters, shadow boxing energetically. When the music ends, he speaks to the audience. As he's speaking* **Old** *enters and sets his bag down in front of number 15.*

Monkey Ever really wanted to do something? I have. A burning ambition Grandad called it. (*Introducing himself.*) Monkey. Cheeky! Not a bad lad exactly, but always in the ca . . . Yeah! Wrong time, wrong place. Guaranteed. I'm there! Example. Last Monday night. On the way home and . . .

Flashback.

Monkey *turns towards his front door at number 13.* **Old** *steps into his path.*

Monkey Whoa. Crap!

Old Halt!

Monkey What?!

Old Papers?

Monkey Rizlas?

Old Funny.

Monkey Yeah? Who are you?

Monkey *tries to pass* **Old**.

Old ID.

Monkey Bouncer are you?

Old Bounce you like a ball boyo.

Monkey (*bouncing*) Yeah? (*Showing him some keys.*) I live here. Number 13.

He moves towards the door.

Old   Back.

Monkey   What are you? Some sort of escaped loony?

Old   Back. (*Aggressively.*) Back!

Monkey (*shadow boxing*)   Go on then! Make me!

Old   Do you think I couldn't? Do you? Do you?

Monkey (*surprised at* **Old**'*s temper*)   Whoa! Chill, man (*To audience.*) Definitely loony!

Old (*re graffiti*)   Did you do that?

Monkey   Maybe. Like it?

Old   Maybe I do. What are you? Some sort of a painter and decorator?

Monkey   Whatever! (*Waving his keys.*) I live here.

Old   And that gives you the right does it, boyo?

Monkey   Boyo?

Old   To do whatever, whenever you want? Life as simple as that is it, in your little brain?

Monkey   What?

Old   Got a nice easy little life have you?

Monkey   It's OK.

Pause. Stand-off.

(*Giving in.*) Oh I'm off. Round the back.

Old   Go! Things can turn nasty, very quickly.

Monkey   Yeah?

Old   Move along.

Monkey   Yeah whatever! You go too, if you know what's good for you.

Old   Don't threaten me!

Monkey   Want things to kick off, do you?

Old   What?

Monkey (*re door 15*)   Not with me with her!

Old   Eh?

Monkey   There's a witch in there.

Old   A witch?! No!

Monkey   Yeah! In number 15. And if she sees you, sees your bags by her front door . . . Top tip mate OK? Vanish! Disappear!

Old   No.

Monkey (*losing patience*)   Does the nuthouse know that you've gone walkies?

Old   Walkies?

Monkey   Are you on drugs mate?

Old   Mate? Look here mate! Don't you think that being matey with me will make me soft with you! I've seen off blokes twice your size mate!

Monkey   OK! Well don't say I didn't warn you!

Old   Go!

Monkey (*moving off*)   OK!

Old   Now.

Monkey   OK.

Old   Move.

Monkey   OK! OK! I'm going. (*As he leaves.*) Nutter!

Monkey *exits*.

Old *knocks at his daughter's front door, but there's no answer.*

Pause.

He rummages through his bag.

Where are you?

He finds his harmonica.

Old friend.

He sits and plays (something sad). He knocks on the door again, before sitting with his bags to doze.

Scene Two

Monkey *enters.*

Monkey (*to audience*)   Didn't go in round the back. Nobody home. Knew that. No problem usually. But that weirdo had spooked me. Not a lot obviously. I'm not a wimp! Anyway, I went to see Shell.

Flashback.

Shell's *bedroom.*

Shell *is asleep, and* **Monkey** *is also sleeping at the bottom of her bed, cuddling* **Shell**'s *cuddly toy unicorn.* **Shell** *wakes.*

Shell (*jumping out of bed, frightened*)   What the hell?

Monkey (*waking*)   Eh? Eh?

Shell (*recognising him*)   Oh man!

Monkey   Eh? (*Realising where he is.*) Oh!

Shell   Where did you come from?

Monkey   Door was open.

Shell   Almost gave me a heart attack!

Monkey   The flat door.

Shell   Was it? Crap!

Monkey   Anyone could have got in Shell.

Shell   I was out of it.

Monkey   Again!

Shell   Yeah so! When did you get here?

Monkey   There was a nutter by my front door.

Shell   Eh?

Monkey   Last night.

Shell   Why?

Monkey   Late. I don't know. He was a nutter man!

Shell   Where was your mam?

Monkey   On nights. You were asleep.

Shell   Yeah well. Middle of the night. Duh!

Monkey (*getting hold of her*)   Wanted to wake you but . . .

Shell   Monkey?

Monkey   Yeah? (*Silence.*) Yeah? Is your mam in?

Shell   No. With Sausage Man.

Monkey   Again?

Shell   Smells like a meat counter.

Monkey (*sniffing his underarm*)   Me?

Shell   No him! (*Beat.*) Monkey.

Monkey (*distracted*)   Yeah.

Shell   Do you love me?

Monkey   Shell, what time is it? (*Looking at her watch.*) Oh!
I've got to get out of here.

Shell   What?

Monkey   Got to sort some stuff.

Shell   What stuff?

Monkey   Tell you tonight.

Shell   I want to talk to you now.

Monkey   I want to talk to you too.

Shell   Yeah right!

Monkey   But later, OK?

Shell   It's important, Monkey. Please? (*As he leaves.*) Where you going?

Monkey   Home.

Shell   Oh fine. Go back to the nutter then.

Monkey   He'll be gone.

Shell   Maybe he won't! (*Beat.*) Maybe he'll be waiting for you! With a chain saw!

Monkey   Shell!

Shell   Or a flick-knife. Or a shotgun!

Monkey   Don't.

Shell (*teasing*)   Maybe he's your Dad!

Monkey   He's not.

Shell   How do you know?

Monkey   I know OK! (*Beat.*) Wasn't buff was he, like me!

Shell   Buff? You?

Monkey   Yeah. I'm off OK?

Shell   So what am I supposed to do all day?

Monkey   Do what you want.

Shell (*weighing it up*)   School? No. Shopping.

Monkey   What with?

Shell (*re hands*)   With these.

Monkey   Don't Shell.

Shell   Whatever! (*Trying to get his attention.*) Monkey?

Monkey (*serious*)   You'll get caught.

Shell   What's wrong with you? (*Serious.*) Monkey . . .

Monkey (*as he exits*)   Later OK.

Shell (*losing patience*)   Oh fine! Close the door behind you. (*Beat. Cuddling her unicorn.*) What are we going to do? (*Beat.*) Coming shopping with me are you? (*Beat.*) What are we going to buy today?

Music.

Scene Three

Tuesday morning.

Park View.

Old *is sleeping in front of his daughter's door.* **Monkey** *enters.*

Monkey (*to audience*)   Women! Always want to talk! Tuesday morning. Got home from Shell's. Guess who was waiting for me?

Flashback.

Old (*jumping up*)   Who goes there?

Monkey   Oh! Not you again.

Old   Me again?

Monkey   Yeah. It's me again.

Old   You again?

Monkey   Bloody hell! Yes. Me. Again. As in I've been here before. Last night. Remember?

Old   Oh.

Monkey   Need to get some money from my place. So don't start OK?

He notices a sleeping bag.

You didn't sleep there did you?

Old   I didn't sleep.

Monkey   In front of her door? Crisp! Did she see you?

Old   Who?

Monkey   The witch.

Old   Shut it right. (*Beat.*) I never sleep.

Monkey   Life too short is it?

Old   Can be. Can be the opposite.

Monkey   What?

Old   Too long.

Monkey   Don't say that man! Downer.

Pause.

Do I know you?

Old   Don't think so.

Monkey   Didn't meet when I was little did we?

Old   No.

Monkey   When I was a baby maybe?

Old   Baby?

Monkey   Yeah! Goo goo wah wah!

Old   What?

Monkey   Heard of them have you? Babies? Oh never mind!

Old (*teasing*)   You were a baby?

Monkey   Eh? Yeah! (*Beat.*) Have you got kids?

Old   What is this?

Monkey   Just answer!

Old   Yes. An interrogation?

Monkey   How many?

Old   One. A girl.

Monkey   Oh. And that's it?

Old   Roger.

Monkey   You called her Roger!

Old   Eh no?! Affirmative. Yes!

Monkey   Oh. Good. (*Beat.*) Sorted then.

Old (*confused*)   If you say so!

Monkey   I didn't get much sleep last night either.

Pause. **Old** *doesn't respond.*

Monkey   Girlfriend. All over me man! Like a rash!

Old   Big man aren't you?

Monkey   That's what she says too! (*Beat.*) Haven't you got anywhere else to go?

Old   What?

Monkey   Why are you hanging round here?

Old   Why are you?

Monkey   Live here. Got a right to.

Old   Hang around?

Monkey   Yeah. If I want to. Free country.

Old   Nothing's free about this place boyo. Someone pays! Got a job?

Monkey No.

Old Why?

Monkey Not yet. Got plans though.

Old (*sarcastic*) Plans!

Monkey Yeah! Have you got plans? Me don't think so! You got a job have you?

Old On the sick boyo.

Monkey Spongy sponger.

Old (*angry*) What? What did you say?

Monkey Hoi! Temper temper!

Old I've fought for every penny this country gives me.

Monkey Take a chill pill, man!

Hen (*angry*) Chill pill!

Monkey Yeah!

Old (*beat*) Yes. OK. (*Beat.*) Lose it too easily.

Monkey Looks like!

Old Mouth dries up. Something explodes. (*Re head.*) In here.

Monkey Been there, man.

Old Like a grenade! (*Beat.*) Blinding white light. Then it goes dark, and all hell breaks loose apparently. But I don't remember a blind thing.

Pause.

Monkey Okey dokey! (*Beat. Boasting.*) Got me into a bit of crap too.

Old Your temper?

Monkey   Yeah. Sorted it now though. More or less. I was sick of the hassle man!

Old   Hassle? You don't know what hassle is. I know what hassle is.

Monkey *starts towards his door,* **Old** *steps into his path.*

Old   Not this way.

Monkey   What? Oh man! Come on! I need to go in.

Old   Not this way.

Monkey   Why?

The action freezes. **Monkey** *speaks directly to the audience.*

Monkey   That's when I realised that he'd spoken to the woman next door.

(*Back in flashback.*) Have you spoken to her? Have you? Have you?

Old   What?

Monkey   The witch. You have haven't you?

The action freezes. **Monkey** *speaks directly to the audience.*

Not allowed to use my own front door am I! Because my front door is within 100 metres of her front door! Stupid man!

The action/flashback starts again.

(*To* **Old**.) What did she say? That I'm not supposed to use my own front door? Is it? What else did she tell you? Witch man! Neighbour from hell I'm telling you.

Old   Don't say that.

Monkey   Why? Know her do you? Know her?

Old   Know her? (*Beat.*) Yes. (*Beat.*) I'm her father.

Monkey   No way!

Old   Yes.

Monkey   You?

Old   Her name's Megan. Evans.

Monkey   Crap! Sorry mate, Mr Evans, OK? Didn't mean to, you know . . . (*Leaving.*) I'm out of here anyway!

Old (*shouting after him*)   Hoi!

Monkey   Going to see Mam. Back door OK?

He exits.

Old (*shouting after him*)   Come back! Come back here will you? (*Beat.*) I haven't talked to her. (*Beat. Quietly.*) I haven't talked to her.

He turns to his daughter's door. He knocks, but there's no answer.

Beat.

He shakes his head sadly, picks up his bags and exits.

Music.

Scene Four

Late Tuesday afternoon.

The park.

Monkey *is sitting. There's a bag from a clothes shop at his feet.*

Monkey (*to audience*)   Shopping. I hate it! Tuesday afternoon OK? Knackered man! Been looking for Shell all day! Said she was going shopping didn't she!

Flashback.

Shell *appears. She's drunk, and dressed in a bridal veil, and other 'hen night' gear. She's placed a cushion under her T-shirt. She's carrying her toy unicorn. On her back is a rucksack full of stolen clothes.*

Shell (*calling*)   Monkey? Monkey?

Monkey   What the? (*To the audience.*) Not easy being a bloke sometimes is it?

Shell   Knew you'd be here. Do you like me?

Monkey   Yeah.

Shell   I love you.

Monkey   Crisp. Been looking for you all afternoon.

Shell   Oh.

Monkey   Been round town man!

Shell   Sweet.

Monkey   I'm not sweet OK?

Shell   Yeah you are.

Monkey   Even went to New Look!

Shell (*singing*)   Here comes the bride lah lah-lah lah!

Monkey   Disturbing! New Look!

Shell (*singing*)   Lah lah-lah lah lah-lah . . .

Monkey   Where've you been?

Shell   Fleecocks.

Monkey   What?

Shell   Wanna go on honeymoon with me?

Monkey (*re veil*)   Why are you wearing that?

Shell   Fleecocks then a crawl. (*Re unicorn.*) She came with me. Bridesmaid.

Monkey   Off your head!

Shell   Me? Yeah!

She empties summer clothes out of the rucksack.

See! Jamaica here I come! Bikinis and things.

Monkey   Crap! (*Pushing the clothes back into the bag.*) Put them back.

Shell   Why? I've got receipts!

Monkey   Have you?

Shell (*giggling*)   Not!

Monkey   Idiot!

Shell   Almost got caught!

Monkey (*scared*)   That's a joke yeah?

Shell   Big monster ran after me. Would you have cried if it had got me?

Monkey   Monster!

Shell   Would you have saved me Monkey? (*Beat.*) It was running after me. A monster with a mouth in its shoulder. Talking non-stop monster speak! Come-in come-in chchchc, come-in come-in chchchc! Dropped his handcuffs though, so that slowed him down!

Monkey   Oh what!

Shell   Didn't get a good look at me. Do you have to fly to Jamaica?

Monkey   Eh?

Shell   To our honeymoon, 'cause, have you seen that DVD *Snakes on Planes*. Scary! I'm not going on a plane after seeing that!

Monkey   You're scared of everything.

She empties the rucksack again.

What are you doing?!

Shell   *Snakes on Trains* was bad enough.

She picks out a T-shirt with 'Who's the Daddy' on the front of it.

Got this for you.

He pushes the clothes back into the bag again, including her unicorn.

Chose it especially for you. Try it on.

Monkey   I don't think so!

Shell (*trying to take his shirt off*)   Go on. Please.

Monkey   Don't OK!

Shell   Please?

Monkey (*re his bag*)   Got a new shirt.

Shell (*pulling a second 'Who's the Daddy' T-shirt out of the rucksack*)   Buy one get one free!

Monkey   But you didn't buy one did you?

Shell   So! (*Re his bag.*) Paid for that did you?

Monkey   Yeah! Mam gave me the money.

Shell   Soft touch!

Monkey   Don't diss my mam right! (*To audience.*) Nobody disses my mam.

Beat.

Shell (*about herself*)   Wasted. (*Re veil.*) Pretended you and me were getting married tomorrow. Want to get married? Good laugh. (*Singing.*) *Hey hey we're The Monkees!*

Monkey   What? Sad!

Shell   If I could have one wish from a fairy god thingy, that's what I'd wish for. (*Putting her hand on her belly.*) Do I look fat?

Monkey   What?

Shell   I do don't I? Gutted! Never get a footballer now will I?

Monkey   Don't need a footballer do you?

Shell   No?

Monkey   Anyway you've got a cushion up your top!

Shell (*removing the cushion*)   Oh yeah! (*Re shirt.*) Try it on. Go on. Go on!

Monkey   I don't want it.

Shell (*disappointed*)   Oh. (*Beat.*) Come home with me then.

Monkey   Can't.

Shell   Mam's not home. Please?

Monkey   Sorry Shell, yeah, but big day tomorrow.

Shell (*re her mother*)   With Butcher Boy again. I hate him. I really hate him.

Monkey   How come?

Shell   You're nasty.

Monkey   You're . . .

Shell   What? (*Beat.*) I am aren't I! Drop dead gorgeous! (*Beat.*) Why's it a big day tomorrow?

Monkey   Tell you when you're sober.

Shell   We need to talk Monkey.

Monkey   Yeah. You need to go home now though yeah.

Shell   Do I? Yeah OK. Talk tomorrow. (*Re rucksack.*) Keep this for me Monkey.

Monkey   No way.

Shell   In your house.

Monkey   No!

Shell   Please? Just for tonight.

Monkey   If the cops found it . . .

Shell   You'd end up in jail! Yeah I know! They won't will they! Please? Please? Please Monkey? Mam'll go psycho if she sees it.

Monkey (*taking the bag*)   Crap man. You're a pain in the butt.

Shell (*grabbing him*)   Yeah! But you love me!

Monkey   Shell. (*Taking the bag.*) Go home. Go home!

Shell   OK.

She exits, and he looks at the logo on the T-shirt.

Monkey (*puzzled*)   Who's the Daddy?

Before he can begin to make sense of the logo, he hears a police siren. He pushes the shirt into the bag.

Monkey (*as he exits, scared*)   Oh crap! Crap man!

Siren/music.

He returns and hides the bag in Park View.

He exits again.

Scene Five

Wednesday morning.

Park View.

Old *is back with his bag. He's just discovered* **Shell**'*s rucksack. He looks through the clothes and finds the unicorn.*

Old (*re unicorn*)   Perfect.

Obviously pleased, he puts the toy in his pocket. He finds a pink bra, and wears it over his clothes.

Old (*as he puts the bra on*)   'What in the name of God are you wearing, boyo?'

'I'm wearing a bra, Sarge.'

'Whose bra, Private?'

'My girlfriend's bra, Sarge.'

'We're about to be shot to kingdom come! Why the hell are you wearing your girlfriend's bra?'

'She told me to, Sarge.'

'Why?!'

'To remind me of what I'm fighting for, Sarge.'

He seems to get shot. He falls to his knees.

Monkey *enters warily, wearing his new shirt and tidy trousers.*

Monkey (*to audience*) Wednesday morning. Like the shirt?

Flashback.

(*Seeing* **Old**.) Oh not again!

Old   What are you wearing?

Monkey   Me?! Hello!

Old (*forgetting where he is*)   Your face is shiny.

Monkey   It's clean!

Old   Nothing on your head!

Monkey   Trani!

Old   Got a death wish have you boyo? Move off. Move off.

Monkey   I'm going. Don't worry! Hoi! Does the witch know Dad likes to dress up, does she?

Old   What?

Monkey   Does she?

Old (*realising where he is and what he's wearing*)   Oh. Oh!

Monkey   Pink man! Cheeky!

Old   Reconnoitre!

Monkey   Foreign now are you?

Old   First thing! Suspicious package. Behind the bin!

Monkey (*realising that* **Old**'s *found* **Shell**'s *rucksack*)   Oh man!

Old (*re rucksack*)   There's a bag full of . . .

Monkey   I know!

Old (*realising that* **Monkey** *recognises the bag, teasing*)   What's wrong with pink?

Monkey   What? Give me the bag.

Old   Not my colour? Is that what you're saying?

Monkey   Not your size either I don't think! Give me the bag.

Old   Why?

Monkey   Give.

Old   Where did it come from?

Monkey (*snatching the bag*)   Keep your beak out right.

Old   Did you steal it?

Monkey   No! No right? No way. No way man. (*Re bag.*) Have you been through it? Perv! Have you? Look! Don't hang around here dressed like that!

Old   Why?

Monkey   People might think I'm into it! Gaylord!

Old   Listen you piece of . . . You need to grow up.

Monkey   Oh do I?

Old   Need to learn a few things about the world.

Monkey   Some other time.

Old   Learn something about respect.

Monkey   Oh! (*Angry.*) And who's going to teach me? Eh? You? What do you know about anything?

Old   I know what's important.

Monkey   Alkie.

Old   A hard lesson, but I've learnt it.

Monkey   How many cans have you had today?

Old   What?

Monkey   First thing in the morning man! I don't need an alkie in a bra to teach me anything.

Old   What did you say?

Monkey   I don't need . . . (*Loses patience.*) Oh get lost will you. Why are you still here?

Old   In the world? Good question.

Monkey   No! Here! Why don't you just go?

Old   Well . . .

Monkey (*re* **Old**'s *daughter*)   Thrown you out early this morning hasn't she? The witch. Already had enough of you has she? Not a nice woman is she? (*Beat.*) Hey! (*Joking.*) D'you want me to sort her out for you? I'll sort her out for you if you want. I'll shoot her again if you want me to.

Old (*shocked*)   What?!

Monkey   No! (*Shouting at the door.*) Or they'll slap another ASBO on me! Won't they. Man!

Old   Shoot?

Monkey   Yeah.

Old   You shot her?

Monkey   Yeah. (*Regretting telling him.*) Well . . .

The action freezes. **Monkey** *speaks directly to the audience.*

Ever regretted saying something?

The action continues.

Old (*attacking him*)   No!

Monkey (*defending himself*)   Hang on! Hang on! Watch the shirt! It was a mistake man!

Old   Mistake? Mistake?

Monkey *tries to leave but* **Old** *stops him.*

Old   Where are you going?

Monkey   Let me go.

Old   Where do you think you're going?

Monkey   Mistake OK? Messing about. Aimed for the cat and . . .

Old   Oh let me guess! Whose cat?

Monkey   Ah well. . .

Old   Your cat?

Monkey   Well no!

Old   My daughter's cat?

Monkey   What? – Yeah, I'm sorry.

Old   The witch's black cat . . .

Monkey   It wasn't black, it was sort of ginger! It was on the fence and . . .

Old   That had never done anything to you.

Monkey   The fence?

Old   The cat! You were going to shoot an innocent animal . . .

Monkey   Only with a BB gun.

Hen   Where is it?

Monkey   Dunno. (*Calling the cat.*) Here puss puss!

Old   Not the cat! The gun you prat!

Monkey   OK. Sorry! The cops took it. Winchester 1000X man. Superb!

Old   What?

Monkey   It was a mistake OK? I'm telling you! I took a shot at the cat. The pellet hit the fence, ricocheted and she was . . .

Old   My daughter! Your neighbour!

Monkey   Yeah. OK.

Old   Not the enemy! Not the enemy is she?

Monkey   OK! Chill! She was bending down to pick up some washing and . . .

Old   What?

Monkey   Kapow! Right on the . . .

Old   Hang on!

Monkey   Butt!

Old   You shot her in her . . .

Monkey   Arse! I know! Hard to miss it man.

Old   Shut it.

Monkey   No offence. Seen the size of it have you?

Old   No! No I haven't!

Monkey   It was in the papers. The story obviously, not her ar . . .

Old   It was what?

Monkey   Everybody knew.

Old   Everybody knew? (*Beat. It seems as if he's trying to make* **Monkey** *laugh.*) Pain in the butt aren't you? Eh? Eh?

Monkey   Eh?

Old (*encouraging him to laugh*)   Pain in the butt?

Monkey (*unsure*)   Yeah! Suppose.

Old (*still encouraging*)   Is it? Is it?

Monkey   I was young man. A kid!

Old (*aggressively*)   Pain in the arse? Yeah? Yeah?

Monkey   Yeah! OK! Let me go will you!

Shell *enters.*

Shell   Hoi! What's going on? (*To* **Old**.) Hey! Let him go! (*To* **Monkey**.) What the hell? Why's he got a bra?

Old (*re* **Monkey** *to* **Shell**)   He's dangerous! (*To* **Shell**.) Back! Back! He shot my daughter!

Shell (*to* **Old**)   Winnie the Witch? You're her dad?

Monkey   Let me go!

He pushes **Old** *to the floor.*

Shell (*scared*)   Monkey!

Monkey (*angry at himself*)   Oh man!

Shell (*re* **Monkey**'s *new shirt*)   Bit smart aren't you?

Monkey (*to* **Old**)   Sorry right?

Shell   Why are you dressed smart?

Monkey (*to* **Old**)   I'm sorry OK?

He throws the rucksack at **Shell**'s *feet, as he runs away.*

(*To* **Shell**.) Keep this in your own house Shell!

(*To the audience.*) Time for a sharp exit!

Shell   Hang on! (*Shouting after him.*) Where are you going? (*Re bag.*) You said you'd keep it for me. In your house. (*To* **Old**.) Hoi! Is that my new bra? (*Looking at* **Old**.) Oh hang on! Are you the nutter?

Music.

She helps **Old** *to his feet. He is obviously shaken. He reaches into his pocket for his harmonica. He plays. She looks through all the clothes in the rucksack. Time passes.*

Scene Six

Continuation.

Late Wednesday morning.

Park View.

Old *has relaxed. He's playing the harmonica. She is dancing with the 'Who's the Daddy' T-shirt. They are obviously at ease now in each other's company. The tune ends.*

Old (*re harmonica*)   An old friend. Got to be able to entertain yourself sometimes.

Shell   Yeah suppose so.

Old   How do you entertain yourself?

Shell   Cheeky Vimtos.

Old   Poison.

Shell   Whatever.

Old   It is. What else do you do?

Shell   Girly nights in with Uni.

Old   Uni?

Shell   My cuddly toy.

Old (*uncomfortable*)   Oh!

Shell   Yeah! Childish. I know.

Old   You are a child.

Shell   Get lost. (*Searching for the toy. Quietly.*) Where's it gone?

Pause.

Old   What's your name?

Shell   Shelley.

Old   Live here do you?

Shell   No! (*Spotting his bags.*) Don't sleep out here do you?

Old   Haven't slept for years.

Shell   Must be shattered then are you?

Old   I keep one eye open. Listening. Looking!

Shell   Try closing both eyes, maybe that would help!

Old   Can't.

Shell   Oh. (*Beat.*) I have nightmares I do.

Old   Me too.

Shell   Thought you didn't sleep!

Old   Don't need to.

Shell   A man with big fat fingers running after me with a big meat chopper.

Old   No!

Shell   What are yours about?

Old   You don't want to know.

Shell   Can't stick the dark. Can you? Creepy. Shadows look like monsters to me.

Old   Shadows can't harm you. Memories. That's a different matter. (*Offering her a seat.*) Make an old man happy will you?

Shell   Ugh! You're not being weird are you?

Old   Eh? (*Understanding.*) No! (*Disgusted.*) No!

Shell   OK! Just checking!

Old   Sensible girl.

Shell   Thick.

Old   Don't say that!

Shell   Ask my teachers.

She puts on the 'Who's the Daddy' T-shirt over her clothes, and starts folding the rest of the clothes and packing them. She offers him the second T-shirt.

Want one? Got a spare one! It'll suit you!

He accepts the T-shirt, looks at the logo, then puts it on.

Old   Have you got a dad?

Shell   Yeah. Don't live with him though. Gave me Uni. (*Searching.*) Where did I put her?

Old   See him though do you?

Shell   Dad? Yeah. Every other weekend. (*Changing the topic. Re skirt.*) Taking this back. Impulse buy. Don't like it. (*Teasing.*) Do you want it? (*Looking at the label.*) £6.99! Rip off!

Old   Going out with that idiot are you?

Shell   Monkey?

Old   Silly name.

Shell   Whatever! It's what everyone calls him.

Old   Going to stay together?

Shell   Hope so! Doesn't show his feelings though.

Old   It's not easy.

Shell   Saw Monkey crying once. After his grandpa died. Softy. Hasn't got a dad.

Old   Hasn't he?

Shell   Nope. (*Re* **Monkey**.) Wonder where he's gone? Men! Never there when you need them.

Old *hangs his head. Pause.*

Shell   What's wrong with you?

Old (*angry*)   Can't expect a man to be there all the time can you?

He knocks at his daughter's door. There's no response.

Pause.

(*Suddenly.*) Is she scared of Monkey?

Shell   Your daughter? No. Out today is she?

Old   He shot her!

Shell   Yeah but she SO overreacted!

Old   Overreacted? He shot her! Shot her! She's scared of him! She must be!

Shell   Your daughter's a proper busybody!

Old   What?

He moves quickly, pushing her to the floor.

Shell   What the?

Old   Down.

Shell (*thinking he's joking*)   What?

Old   Down!

Shell   Watch my hair! You're joking right?

Old   I'm not joking. Face down. Now.

Shell (*not taking him seriously*)   Whatever!

Old   Face down.

Shell (*a little more frightened*)   No way!

Old   Hands behind your back.

Shell   Get off. This is silly.

Old   Don't move.

Shell   Why?

Old   Hands.

Shell   You're not serious are you? (*Realising that he is.*) Are you?

Old   Don't move.

Shell   I haven't done anything have I? I'll scream.

Old   Don't scream or I'll . . .

Shell   What? (*Scared.*) Let me go OK.

Pause.

Please?

Pause.

Please let me go?

Pause.

Old   Scared are you?

Shell   Yeah OK? Happy?

Old   Happy? Me? (*Pause.*) No. (*Releasing her.*) Sorry.

He moves away.

You overreacted!

Shell   What?

Old   SO overreacted! Don't overreact!

Shell Oh! Stop messing with my head will you. What's wrong with you? Weirdo!

Old Tell Monkey not to come near my daughter again.

Shell He'll kill you when I tell him what you just did.

Old Killed before has he?

Shell Get lost.

Old He said he had a temper. Tell Monkey I'll be waiting for him if he ever bothers Megan again.

Shell He's not scared of you.

Old Do you want him to get hurt? Do you?

Shell No! (*Beat.*) Look, that gun thing was a mistake OK?

Old And what if he gets hold of a real gun?

Shell He's not a gangster is he?

Old He's a waste of space.

Shell You're dead!

Old (*beat*) Get out of my sight! Now. Go!

She exits. He turns to his daughter's door. He knocks. There's no answer.

Pause.

He knocks again.

He exits.

Music.

Scene Seven

Park View.

Monkey *enters. He's holding a paint spray can.*

Monkey (*to the audience*)   Wednesday! Could have been a good day! Should have been a good day. Was a good day. Until tea time.

Flashback.

Shell'*s bedroom.*

The stolen clothes are scattered around. She's on her bed, sipping an alcopop. She's stuffed a sock with more socks, and is talking to it.

Shell (*re alcopop*)   Mango. Got to get my five a day. (*Beat.*) What are we going to do, eh? You and me. We're in trouble aren't we?

Monkey *enters quietly, with spray can.*

Monkey   Alright?

Shell (*shocked*)   Oh! No I'm not! Where have you been?

Monkey   Celebrating. (*Making a spraying noise.*) Tsss!

Shell   Idiot!

Monkey   Cheers!

Shell   Two years, no-brains!

Monkey   No-brains? Harsh!

The action freezes.

(*To the audience.*) If you mess about when you're on an ASBO they can lock you up. Honest to God! Ooh! Scary! (*Beat.*) No. It is really! Quite a bit scary! Not going to happen to me though cause . . .

Action starts again.

(*To* **Shell**.) ASBO's finished next week.

Shell   Yeah?

Monkey   Finito.

Shell   Well, that's next week. Not now. Is that what you were celebrating?

Monkey   It'll be weird when it's over.

Shell   Weird?

Monkey   Officially hard till then aren't I!

Shell   Officially in jail if that nutter saw you (*Re can.*) with that.

Monkey   Who? Alcopop?

Shell   Doesn't drink I don't think.

Monkey   How do you know?

Shell   Poison he said.

Monkey   Bezzy friends now are you?

Shell   No way!

Monkey (*about the graffiti*)   I was down the park, not by my house.

Shell   Well he's dangerous anyway I'm telling you.

Monkey   How come? (*Beat.*) How come?

Shell   He's worried about his daughter.

Monkey   So? I don't do anything to her do I? Never have. Well not really. Well (*Beat.*) only the gun thing! – Shell if he's touched you!

Shell   What? What would you do?

Monkey (*joking*)   Kill him.

Shell   What?

Monkey   With my bare hands! (*Beat.*) Not really Shell!

Shell   Oh. Well, just keep out of his way then OK?

Monkey   Whatever!

Shell   OK?

Monkey   Yeah! OK!

Pause.

Shell   Where were you today?

Monkey   Nosey!

Shell   I was worried about you.

Monkey   Yeah?

Shell   You're not two timing me are you?

Monkey   No!

Shell   You SO are aren't you?

Monkey   No way! (*Beat.*) Is your mam in?

Shell   No.

Monkey (*starting to take his shirt off*)   Get in there!

Shell   No don't OK?

Monkey   Why? Coming home tonight is she?

Shell   No! But I want to talk to her.

Monkey   Why?

Shell   And I want to talk to you Monkey. Got to really! (*Trying to get his attention.*) Monkey! (*Beat.*) I'm late.

Monkey   What for? (*Looking at her watch.*) Half six?

Shell   No! (*Beat.*) I'm late.

Monkey (*understanding*)   What, as in?

Shell   Yeah! As in . . .

The action freezes.

Monkey (*to audience*)   Bombshell! Wednesday! Not such a good day after all!

The action resumes.

(*In a panic.*) Crap Shell man! No way! (*Beat.*) What are you going to do?

Shell Me?

Monkey (*in a panic*) I can't do anything can I?

Shell What?

Monkey It's your body Shell! (*To the audience.*) Not my best line!

Shell I gave it to you!

Monkey Once!

Shell Once is enough! Duh!

Monkey We haven't been together long.

Shell So?

Monkey (*re relationship*) It's not a big thing is it?

Shell What?

Monkey Not yet.

Shell (*hurt*) Small actually!

Monkey (*to the audience*) Referee! (*To* **Shell**.) Get lost! Don't remember you complaining!

Shell Off my face wasn't I?

Monkey You always are!

Shell Get lost will you.

Monkey And you.

Pause. She cries.

Oh don't OK!

Shell Why?

Monkey   I hate it when people cry. Sorry Shell.

Pause.

Shell   You said you wanted a family.

Monkey   Yeah but . . .

Shell   That's the only thing I want!

Monkey   Oh man! Mess! (*To the audience.*) Mess!

Pause.

Shell   You were the first.

Monkey   What? (*Beat. Pleased.*) Yeah? (*Beat. Doubtful.*) Yeah like! Oh whatever Shell.

Shell   I'm sorry.

Monkey   A baby! Oh man! (*Beat.*) You can sort it out yeah?

Shell   What?

Monkey (*noticing the sock*)   Crap! What's that? Urgh!

Shell (*scared*)   What? (*Realising what he's seen.*) Oh! (*Beat.*) Socky.

Monkey   Socky?

Shell   I've lost Uni. (*Smiles.*) Bit smelly!

Monkey   Socky? (*Smiles.*) You're off your head man!

Beat.

Shell   Just needed something to cuddle Monkey. (*Seriously.*) It'll be OK yeah?

Monkey   Don't tell your mam.

Shell   I've got to.

Monkey   Not yet though.

Shell (*hopefully*)   Oh! OK. Not till we've been to the doctor then, yeah?

Monkey   What?

Shell (*happy*) Oh come here. Come on! We've got to talk yeah? (*They kiss.*) We'll have to get a house and things won't we? Monkey, are you listening?

Monkey (*distracted*) Yeah.

Shell Monkey. Listen. You can stay tonight OK?

Monkey (*distracted*) Yeah?

Shell As long as you talk to me OK?

Monkey (*distracted*) What?

Shell OK?

Monkey (*angry*) What? Eh? No! I don't want to OK. I don't want to talk to you.

Shell But we have to!

Monkey I'm signing up OK.

Shell What? No way.

Monkey I told you I had plans. I said Shell. Six weeks in Catterick, then straight to Malta.

Shell Get lost!

Monkey I've had an interview today. The army don't care about the ASBO if it's over.

Shell It's not though.

Monkey Bloke I know went to Malta on his holidays OK. Said it's no problem. Everyone speaks English.

Shell Don't speak English wherever that war is though do they?

Monkey What war?

Shell Please don't go.

Monkey I'm going Shell.

Shell What if you get hurt? Or get killed.

Monkey Not going to happen.

Shell   How do you know?

Monkey   Just do.

Shell   You don't!

Monkey   I'll see you when I come home.

Shell   When?

Monkey   Dunno! I want to do it Shell. Always have done. I'm dying to do it OK?

Beat.

Shell   You said you wanted a family.

Monkey   Yeah! But I don't want to be the dad do I? We're too young. We're kids Shell!

Shell   What about the baby?

Monkey   I'm signing up. I'm doing it for me. You do the right thing for you.

Shell   What?

Monkey   Phone somewhere. I dunno. Sort it. You want a life, yeah?

Pause.

You said I could stay if I talked to you!

Shell   What?

Monkey   You said . . .

Pause. It's obvious that he is not welcome to stay.

Sorry Shell. Sorry OK?

Beat. He exits. She puts on her 'Who's the Daddy' T-shirt and tries to sleep. She cuddles her sock.

Shell   Mam? Please come home. Please?

Music.

Scene Eight

Wednesday night.

Park View.

Old *enters. He listens for a moment at his daughter's door.* **Shell**'s *unicorn is in his hand. He talks to the toy.*

Old   You never saw as much sheep cac in your life. Twenty-three! That's all I was. Younger lads than me there too. Welcome to hell kiddos! You're not a sheep are you?

Beat. We hear the sounds of battle.

Blackened our faces. Stuck branches on our helmets. Landing craft more like a bucket than a boat. Standing in the dark, like sardines in a tin. Shoulder to shoulder. Waiting for the order to run for the beach. Scared. All of a sudden, sergeant major shouts at a young lad. 'Why in God's name are you wearing a bra, Private? (*Beat.*) 'To remind me of what I'm fighting for, Sir!' Had a pink bra on over his uniform. His girlfriend's bra. That broke the tension. Wet ourselves laughing. (*Beat.*) Bra boy got killed two days before the end of the war. Bloody shame. (*Beat.*)

Medals all round. I got a commendation too. I'm officially brave!

Pause.

I was home, on leave, when Megan was born. Before the war. On top of the world. No feeling like it. I was the best dad in the world. (*To the toy.*) But sometimes things happen to change you. (*Beat.*) Can't feel what I'm supposed to feel. Haven't for years. No man's land, if you like. Nobody can rescue me. Get rid of the memories that haunt me. (*Calling.*) Megan? (*Beat.*) I've brought you a little present.

He knocks at the door.

Monkey *enters. He's come directly from* **Shell**'s *house.*

Monkey (*to audience*)   Ran home. Head full of babies and
. . . No surprises! He was still there!

Flashback.

(*To* **Old**.) You'll disturb people.

Old   Go away.

Monkey (*seeing* **Old**'s *T-shirt*)   Who's the Daddy? (*Beat.*)
Maybe she's out tonight, or asleep. Leave her be!

Old   Since when do you care about her?

Monkey   I don't.

Old (*angry*)   What?

Monkey   I just want to go to bed!

Old   Has your girlfriend talked to you?

Monkey   What?

Old   Has your girlfriend talked to you? Has she?

Monkey   Yeah she's talked to me!

Old   Well get out of my sight then!

He turns back to the door and knocks.

Megan? Megan? Open. Open.

Monkey (*angry*)   Oh man! Stop knocking that door! Maybe
she just doesn't want to see you!

Old *turns to look at* **Monkey**. *The action freezes.*

Scene Nine

Wednesday night.

Shell's *bedroom.*

*She is in her bedroom. She's drinking. The clothes are scattered all
over the floor.*

Shell   Who's the Daddy!

Beat.

She takes off the 'Who's the Daddy' T-shirt.

Nobody, nobody, nobody.

Pause.

She reaches for her phone. Stares at it.

Do the right thing.

Pause.

Slowly as if an idea is forming in her head, she puts the phone down and begins to collect the clothes off the floor, pushing them into the bag.

The right thing! OK. I know what the right thing is OK. Do the right thing. OK. OK.

She makes sure that the 'Who's the Daddy' T-shirt goes on top.

Suddenly she seems to hear a noise.

(*Scared.*) Who's there? Is there someone there? Mam? Mam? Is it you? Monkey? Is someone there? Just say will you?

She retreats into the corner of her room.

Scene Ten

Follow on from Scene Eight.

Wednesday night.

Park View.

Old *turns away from* **Monkey** *and knocks the door again.*
Monkey *notices the toy unicorn in his hand.*

Monkey   Hoi! What's that?

Old   Thought Megan would like it.

Monkey   It's not yours is it?

Old   I haven't given her a present in years.

Monkey   So you steal one! Class! That's Shell's.

Old   I haven't been a father to her.

Monkey (*noticing that he's crying*)   Oh don't man!

Old   Never put her to bed. Never read her a story. Wasn't there to chase the monsters away if she had a nightmare.

He bangs on the door.

Monkey   Stop banging that door will you?

Old   Go away! She's scared of you.

Monkey   Me?

Old   That's why she won't open the door.

Monkey   What? (*Angry.*) Oh get lost OK?

Old   What?

Monkey   Just go away! She'd open the door if she wanted to see you!

Old   What?

Monk   I've got my own problems. Shell's pregnant isn't she?

Old   What? (*Beat.*) What?

Monkey   Whatever man. I'm tired. I'm going in.

Old   Congratulations!

He knocks again.

Monkey   Don't hammer that door or I'm telling you . . .

Old   A baby.

Monkey   I'll call the cops.

Old You?

Monkey Yeah.

Old You're going to be a dad Monkey. A dad!

Monkey (*upset, as he exits*)   Don't man. (*Beat.*) Don't OK?

Old *shakes his head. Sits with his head in his hands, he rummages in his bag for a bottle of cider. He drinks deeply. He then lies down with the bottle, to sleep.*

Music.

Scene Eleven

Thursday morning.

Park View.

Shell *enters. She's drinking. She has the rucksack on her back. She sees* **Old** *who's still asleep.*

Shell You DO sleep out here!

Old What?

Shell Just clear off will you!

Old You're having a baby.

Shell Am I? Who told you that!

Old You're drinking!

Shell And you!

Old Don't.

Shell Oh get lost creep. Lots of girls drink when they're pregnant. Before they know. I'm just pretending I don't know yet OK? (*Beat.*) He's signing up.

Old He's what?

Shell He's going to Malta.

Old   Signing up?

Shell   The army's the only family he wants!

Old   No! That family will spit him out!

Shell   What?

Old   Send him to hell and then spit him out.

Shell   Don't.

Old   But do you know what the worst thing is? Even when they've done that to him, even when they've betrayed him, he'll miss them. He'll miss them. He'll miss them. (*Beat.*) What about the baby?

Shell   I'm sorting it.

Old   What?

Shell   I'm sorting it. (*Seeing the unicorn.*) Hoi! That's mine! Give it back! Where did you get it? Stole it! Did you? I could report you. Just give it back! Why have you got it? Weirdo! Go back to wherever you came from! Nobody wants you round here do they? Nobody wants you!

Old   Nobody wants me?

Shell *places the rucksack in front of* **Monkey***'s door.*

Old   No! You're right! Nobody wants me! She'd open the door if she wanted to see me.

He notices her walking away.

Where are you going?

Shell   To make a phone call.

Old   You've left your bag.

Shell   Present for Monkey.

Old (*as* **She** *exits*)   She'd open the door if she wanted to see me. (*Pause.*) She'd open the door if she wanted to see me!

Scene Twelve

Continuation of Scene Eleven.

Music.

Old *is re-living a battle situation. We hear the sounds of battle.*

Old (*shock steals his breath*)   High! Flying. Twenty feet up! Ah! (*Falling to the floor.*) Hit the ground. No pain yet. (*Rolls.*) 121 mortars. Fire more than one round. Blast from each one rolls me along. Stop. Stop. (*Shouting.*) I must be dead now.

Monkey *appears from his house.*

Monkey   Oh man!

(*To the audience.*) A new day. Haven't slept. (*Re* **Old**.) Just who I want to see. Not!

(*To* **Old**.) Do you have to?

Old *doesn't notice him.*

Old (*as if he hears a noise*)   Machine guns? No! Mates! Coming to get me. (*Rolling over onto his back.*) Try to roll over. My arm stays put. (*In pain.*) Lots of blood. Running now. Down a hill. A vein in my arm wound round the CO's little finger. He won't let me lose more blood. Gazelle helicopter, hospital ship. Hospital at home for almost a year. Then . . .

Monkey (*full of admiration*)   A soldier? Were you? A soldier? (*Impressed.*) Man!

He salutes.

Old (*frightened*)   Ah! (*Attacking* **Monkey**.) Bayonettes. Bullets! (*Shouting.*) Everyone dead. Arms still reaching out. Begging for mercy. Young. Like you. Where did that war come from? Where did it come from? Nobody saw it coming.

Monkey *holds on to* **Old**, *in order to defend himself to begin with and then to comfort him.*

Monkey   It's OK man. It's OK. Do you want me to get your daughter for you? Is she in? Is she?

Old *cries. The battle sounds fade.*

Monkey   Respect man.

Old   No.

Monkey   You deserve it man.

Old   She doesn't want to see me.

Monkey   What's the army like?

Old   It's not you she's scared of. Not you. It's me.

Pause.

A father that didn't care about anyone except himself. That's what she remembers. A hopeless father full of hatred. A father that was drunk if he was there at all. Couldn't feel anything a father was supposed to feel. The war did that to me.

Monkey   Sorry man.

Beat.

Old   My marriage failed. No goodbyes. She and her mother disappeared. I didn't even look for her.

Beat.

Ever seen a man turn into a ball of fire?

Monkey   No man!

Old   Grenade. Three of them screaming like pigs. I pulled two of them out of the fire. I went back for the third.

Beat.

He was too bad to rescue.

Beat.

I couldn't save him. But I couldn't leave him.

Beat.

A boy like you Monkey. A baby. Burning. (*Pause.*) I shot him. Coup de grace. A painful action that puts an end to something worse. A bullet that's merciful. That's the only thing I could do. How's a man supposed to come back and be a father to his children after doing that?

Monkey I wish you were my dad.

Old She won't open the door Monkey.

Monkey What? Not at all?

Old No.

Monkey What? You haven't seen her since you've been here?

Old Not for over twenty years.

He produces a pistol from his bag. He hands it to **Monkey**.

Monkey Crap! Is that for real?

Old (*begging* **Monkey** *to shoot him*) Do it. Do it now.

Monkey Crap man! No!

Old Please? Nobody wants me. Do it.

Monkey No.

Old Do it.

Monkey No way man. No way.

Old A soldier could do it. You want to be a soldier Monkey?

Monkey Yes.

Old Do you? Do you?

Monkey (*shouting*) Yes!

Old Do it. Do it. Coup de grace!

Monkey *aims. The action freezes.*

Scene Thirteen

Shell *is in the park. She has her mobile in her hand.*

Shell   Phone somewhere. Sort it.

Pause.

She makes a phone call.

Hello. I want to report a break-in. Not the first time either. He's a thief. I've seen him with stuff. He's already got an ASBO. You need to come now. Quickly. I want you to arrest him. (*Beat.*) Yes I'll make a statement. Yes. My name? It's Shell . . . oh! (*Hesitating. Lying.*) It's . . . Megan Evans. (*Beat.*) I'm number 15 Park View.

She finishes the call.

Sorry Monkey.

I'm doing the right thing. For me. And you. And the baby.

Beat.

We want to be a family don't we?

She exits.

Scene Fourteen

Continuation of Scene Twelve.

Park View.

Monkey *is pacing about, transfixed by the gun.*

Monkey   I'm going into the Guards.

Old   You're going to be a dad.

Monkey   Shell won't have it.

Pause.

What would we do with a baby?

Old   Do better than I did.

Monkey   There's nothing for me here is there?

Old   Want your kid to grow up without a father do you?

Monkey   I did.

Old   Easy for your mother was it?

Monkey (*confused*)   Oh crap man! Shell won't have it.

Old   Won't she?

Monkey   Oh man! (*Aiming at his own head.*) Who's holding a gun to whose head here?

Old   Listen to an old soldier. Look after the things you love. That's what's important. Go to see her. Go to see her.

Monkey   Oh man!

Old   Talk to her.

Monkey   No.

Old   Talk to her.

Monkey   No! I'm not missing this chance! It's an open door. I'm signing up.

Old (*re graffiti*)   You could be a painter and decorator! (*Pause.*) Talk to her. Please. Talk to her.

Pause.

(*Very sad.*) Say goodbye then. It's the least a man can do.

Monkey *begins to leave.*

Old   Don't take that gun with you!

Monkey *hesitates.*

Old   I'll be fine.

Monkey *gives* **Old** *the gun.*

Monkey *exits.*

Old *goes to his daughter's door, the gun in his hand.*

(*Crying.*) Megan? Megan? (*Knocking.*) I'm sorry. I'm sorry. I'm sorry. I'm sorry.

Music.

The action freezes.

Scene Fifteen

Park View.

Monkey *enters.*

Monkey (*to audience*)   A soldier! How cool is that? I had to take his advice.

Flashback.

Shell's *bedroom.*

Shell *is playing with Socky and Uni. She doesn't notice* **Monkey** *arriving. She gives the toys voices.*

Shell   'Love you Socky.'

'Love you Uni.'

Monkey   Love you Shell.

Shell (*shocked*)   What?

Beat.

Monkey   I want to talk to you.

Shell   What?

Monkey   Need to talk don't we?

Shell   Yeah. (*Remembering the phone call.*) Oh crap . . .

Monkey   What? (*Beat.*) What?

Shell   Monkey I've . . . (*Beat.*) Nothing.

Pause.

Monkey   I'm going to the army Shell.

Shell   OK. (*Beat.*) I'm going to have the baby.

Monkey   Oh man!

Pause.

OK.

Shell   Love me?

Monkey   Love you.

Shell   Love you.

They kiss.

Beat.

(*Remembering the phone call.*) Oh crap! Is that nutter still in front of your house?

Scene Sixteen

Park View.

We hear the sound of battle. And the sound of a police car siren.

Old *is in the middle of a flashback. The gun is in his hand.*

Old   Halt. Halt! Who goes there? Move back, move back.

He raises the gun and aims at an imaginary enemy.

Come on. Come on then. Who's there? Who are you? Don't come any closer. Back! (*Aiming the gun. Quietly.*) Nobody wants me. Nobody wants me. (*He slowly starts to turn the gun on himself making a huge effort to force himself to pull the trigger.*) A soldier could. A soldier could. A soldier could.

Darkness.

Music.

Silence.

Sera Moore Williams

Burning Monkey

Mwnci ar dân

A dual language edition

Cyhoeddiad dwyieithog yn y Gymraeg a'r Saesneg

Mwnci ar dân

Cymeriadau

Hen, *Dyn tua 48 mlwydd oed. Mae'n gyn-filwr a fu'n ymladd yn rhyfel y Malfinas. Mae'n dioddef o anhwylder pryder ôl-drawmatig (PTSD). Mae ganddo ferch oddeutu 30 mlwydd oed (Megan Evans) nad yw wedi ei gweld ers dros ugain mlynedd. Mae hi'n byw yn 15 Park View.*

Mwnci, *Bachgen tua 17 mlwydd oed sy'n dioddef o anhwylder diffyg canolbwyntio a gorfywiogrwydd (ADHD). Direidus ydyw yn hytrach na drwg. Mae wedi cael gorchymyn ymddygiad gwrthgymdeithasol (ASBO) oherwydd ei ymddygiad. Mae'n byw gyda'i fam yn 13 Park View. Nid yw'n adnabod ei dad. Ymuno â'r fyddin yw ei nod.*

Shell, *Mae hi tua 15 mlwydd oed, ac yn gariad i Mwnci. Mae hi'n feichiog, ond does neb yn gwybod. Mae'n byw gyda'i mam ond aiff am gyfnodau heb ei gweld gan nad yw ei mam yno weithiau.*

Cerddor, *Nid yw'n siarad, ond mae'n dilyn y ddrama ac yn cyfeilio'n gyson iddi. Mae'n ifanc ac mae ei wisg yn awgrymu efallai mai milwr o'r Ariannin ydyw. Ymddengys ar adegau fod Hen yn ei weld, ond nid yw'r ddau gymeriad arall yn ymwybodol ohono. Efallai mai ysbryd milwr ifanc a saethwyd gan Hen ydyw.*

Dylai'r gofod fod mor foel a gwag â phosib.

Mae tri lleoliad: blaen dau dŷ, sef rhif 13 a 15 Park View (wedi eu gorchuddio â graffiti); ystafell wely Shell; y parc.

Golygfa Un

Nos Lun.

Park View.

Cerddoriaeth.

Daw **Mwnci** *i mewn. Mae'n paffio â'i gysgod ei hun yn egnïol. Pan ddaw'r gerddoriaeth i ben, mae* **Mwnci***'n siarad â'r gynulleidfa. Yn ystod y sgwrs mae* **Hen** *yn ymddangos ar y llwyfan, ac yn gosod ei baciau o flaen drws rhif 15.*

Mwnci   Y'ch chi erio'd 'di bod ar dân isie gneud rhwbeth? Y'ch chi? Wi wedi. 'Burning ambition' o'dd Tad-cu'n galw fe. (*Yn ei gyflwyno ei hun.*) Mwnci. Cheeky! Dim drwg exactly – ond wastad yn y ca . . . Yeah! Wrong place, wrong time. Guaranteed! Wi 'na! Enghraifft! Nos Lun diwetha, ar y ffordd adre . . .

Fflachatgof.

Mae **Mwnci***'n troi am ei ddrws blaen yn rhif 13. Mae* **Hen** *yn camu i'w ffordd.*

Hen   Halt!

Mwnci (*yn dychryn*)   Woah! Crap!

Hen   Papure?

Mwnci   Be? Fel Rizlas?

Hen   Doniol.

Mwnci   Yw e? Pwy 'yt ti?

Mae **Mwnci***'n ceisio mynd heibio i* **Hen**.

Hen (*yn ddifrifol*)   I.D.

Mwnci   Beth 'yt ti? Bouncer?

Hen   Bydden i'n gallu dy fownso di fel pêl, Boyo.

Mwnci (*yn bownsio*)   Yeah? (*Yn dangos allwedd i* **Hen**.) Get it? Wi'n byw 'ma. Number thirteen.

Mae **Mwnci** *yn cychwyn am y drws.*

Hen   'N ôl!

Mwnci   Beth 'yt ti? Rhyw fath o escaped loony?

Hen   'N ôl. (*Mae'r bachgen yn ei anwybyddu. Yn fygythiol.*)
Back!

Mwnci (*yn paffio â'i gysgod*)   Go on then! Make me.

Hen (*yn fygythiol*)   Ti'n meddwl fydden i'm yn gallu? Wyt ti?
Wyt ti?

Mwnci (*yn synnu at ffyrnigrwydd* **Hen**)   Woah! Chill, man!
(*Wrth y gynulleidfa.*) Definitely loony!

Hen (*yn cyfeirio at y graffiti*)   Ti baentodd 'na?

Mwnci   Falle! Lico fe?

Hen   Falle bo fi. Beth 'yt ti? Rhyw fath o painter and
decorator?

Mwnci   Whatever! (*Yn chwifio'r allwedd eto.*) Wi'n byw 'ma.

Hen   A ma' 'na'n rhoi hawl i ti yw e, Boyo?

Mwnci   Boyo?!

Hen   Hawl i neud beth bynnag, pryd bynnag ti'n mo'yn, yw
e? Bywyd mor syml â 'na yn dy gneuen fach di?

Mwnci   Beth?

Hen   Bywyd bach braf 'da ti o's e?

Mwnci   Ma' fe'n OK.

Saib. Yn herio'i gilydd.

(*Yn ildio.*) Wi'n mynd rownd y bac.

Hen   Cer! Ma' chwarae'n gallu troi'n chwerw.

Mwnci   Yeah?

Hen   Move along.

Mwnci   Yeah, whatever. Cer di rywle 'fyd os ti ddim isie
cwpla lan yn y cac.

Hen   Paid ti â 'mygwth i, good-boy.

Mwnci   Mo'yn i bethe gico off 'yt ti?

Hen   E?

Mwnci (*yn cyfeirio at ddrws tŷ rhif 15*)   Ddim 'da fi! 'Da hi!

Hen   E?

Mwnci   Ma' gwrach yn byw drws nesa.

Hen   Gwrach?! Na!

Mwnci   Yeah! Number fifteen. Ac os bydd hi'n gweld ti 'da'i beady eyes bach hi, yn gweld bags ti o flaen drws ffrynt hi . . . Top tip, mate, OK? Diflanna!

Hen   Na!

Mwnci (*yn colli amynedd*)   Yw'r nuthouse yn gwbod bo ti 'di mynd walkies?

Hen   Walkies?

Mwnci   Ti ar drugs, mate?

Hen   Mate? Drycha di 'ma, mate! Paid ti â meddwl fod bod yn matey 'da fi am 'y ngneud i'n soft 'da ti! Wi'n deall y trics i gyd. Wi 'di troi trwyne dynion ddwywaith dy seis di, mate.

Mwnci   OK. Wel paid dweud bo fi heb rybuddio ti.

Hen   Cer.

Mwnci (*wrth symud i ffwrdd*)   OK!

Hen   Nawr.

Mwnci   OK.

Hen   Symud.

Mwnci   OK! OK! Wi'n mynd. (*Wrth fynd.*) Nutter!

Mae **Mwnci** *yn gadael.*

Mae **Hen** *yn troi at ddrws ei ferch ac yn curo ar y drws. Does dim ateb.*

Saib.

Mae'n chwilio trwy ei baciau.

Ble 'yt ti?

Mae'n dod o hyd i'w harmonica.

A! Hen ffrind.

Mae'n eistedd i ganu tôn drist ar ei harmonica, cyn curo drws rhif 15 eto, yn ofer. Mae'n eistedd gyda'i baciau i bendwmpian.

Golygfa Dau

Daw **Mwnci** *ar y llwyfan.*

Mwnci (*wrth y gynulleidfa*) Es i ddim rownd y bac. Neb gatre. O'n i'n gwbod 'ny. No problem fel arfer, ond o'dd y weirdo 'na 'di spooko fi! Ddim lot obviously! Wi ddim yn wimp. Anyway, es i draw i dŷ Shell.

Fflachatgof.

Ystafell wely **Shell**.

Mae **Shell** *yn cysgu, a* **Mwnci** *yntau yn cysgu ar waelod ei gwely hi. Mae e'n cwtsio tegan o eiddo* **Shell** (*ungorn bach*). *Mae* **Shell** *yn deffro.*

Shell (*yn neidio o'i gwely, wedi dychryn*)   What the hell!!

Mwnci (*yn deffro wedi dychryn*)   E? E?

Shell (*yn ei adnabod*)   O, man!

Mwnci   E? (*Yn sylweddoli ble mae e.*)   O!

Shell   O ble dest ti?

Mwnci   O'dd y drws ar agor!

Shell   O'n i byti ca'l heart attack!

Mwnci   Drws y fflat!

Shell   O'dd e? Crap.

Mwnci   Bydde unrhyw un wedi gallu dod mewn.

Shell   Out of it nag o'n i.

Mwnci   'To?

Shell   Yeah, so? Ers pryd ti 'ma?

Mwnci   O'dd nutter o fla'n drws ffrynt fi!

Shell   E?

Mwnci   Nithwr.

Shell   Pam?

Mwnci   Shwt fi fod gwbod? Nutter o'dd e! Ganol nos.

Shell   O'dd mam ti 'na?

Mwnci   Ar nights, man. O't ti'n cysgu pan gyrhaeddes i.

Shell   Yeah, well! Ganol y nos! Duh!

Mwnci (*yn gafael amdani hi*)   O'n i isie deffro ti ond . . .

Shell   Mwnci?

Mwnci   Yeah? (*Curiad. Nid yw* **Shell** *yn dweud dim.*) Yeah?
Yw mam ti 'ma?

Shell   Na. 'Da Sausage Man nag yw hi.

Mwnci   'To?

Shell   Gwynto fel y meat counter.

Mwnci (*yn gwynto ei gesail*)   Fi?

Shell   Nage. Fe! (*Curiad.*)   Mwnci.

Mwnci (*ei feddwl yn bell*)   Yeah!

Shell   Ti'n caru fi?

Mwnci   Shell, faint o'r gloch yw hi? (*Yn edrych ar ei horiawr
hi.*) O! Wi mas o 'ma.

Shell   Beth?!

Mwnci   Ma' stwff 'da fi i sorto.

Shell   Pa stwff?

Mwnci   Weda i 'tho ti heno.

Shell   Wi angen siarad 'da ti nawr.

Mwnci   Wi isie siarad 'da ti 'fyd!

Shell   Yeah, right!

Mwnci   Ond wedyn, OK?

Shell   Ma' fe'n bwysig, Mwnci. Plîs! (*Wrth iddo fe adael.*) Ble ti'n mynd?

Mwnci   Gatre.

Shell   (*yn gwylltio*)   O bril! Cer 'n ôl at y nutter.

Mwnci   Bydd e wedi mynd.

Shell   Falle ddim! (*Curiad.*) Falle bydd e'n dishgwl amdanot ti! 'Da chain saw!

Mwnci   Paid, Shell!

Shell   Neu flick-knife. Neu shotgun!

Mwnci   Paid.

Shell   (*yn pryfocio*)   Hei, falle mai dad ti o'dd e!

Mwnci   Nage ddim!

Shell   Shwt ti'n gwbod?

Mwnci   Wi'n gwbod, OK! (*Curiad.*) Do'dd e'm yn buff o'dd e, fel fi?

Shell   (*yn gwenu*)   Yn buff? Ti?

Mwnci   Yeah! Fi'n mynd.

Shell   So be fi fod neud trwy'r dydd?

Mwnci   Gwna be ti'n mo'yn.

Shell   (*yn pwyso a mesur*)   Ysgol? Na. Siopa.

Mwnci   'Da beth?

Shell (*yn chwifio ei dwylo*)   'Da'r rhain.

Mwnci   Paid, Shell.

Shell   Whatever. (*Yn ceisio cael ei sylw eto.*) Mwnci.

Mwnci (*o ddifrif*)   By' ti'n ca'l dy ddala.

Shell   Be sy'n bod arnot ti?! (*Am ddechrau siarad o ddifrif.*)
Mwnci . . .

Mwnci (*wrth adael*)   Wedyn, OK?

Shell (*yn colli amynedd*) O grêt! Ca'r drws tu ôl i ti. (*Curiad. Yn
anwesu'r tegan.*) Beth y'n ni'n mynd i neud, dwed? (*Curiad.*)
Ti'n dod i siopa 'da fi? 'Yt ti? 'Yt ti? (*Curiad.*) Beth y'n ni'n
mynd i brynu heddi?

Cerddoriaeth.

Golygfa Tri

Bore Mawrth.

Park View.

Mae **Hen** *yn eistedd y tu allan i ddrws ei ferch. Daw* **Mwnci** *ar y
llwyfan.*

Mwnci (*wrth y gynulleidfa*)   Merched! Wastad yn mo'yn
siarad nag y'n nhw? Bore dydd Mawrth. Es i adre o le Shell.
Rhowch guess pwy o'dd 'na'n dishgwl amdana i?!

Fflachatgof.

Hen (*yn neidio lan*)   Who goes there?

Mwnci   O na! Ti 'to.

Hen   Tito?

Mwnci   What? Nage! Fi! 'To!

Hen   Vito?

Mwnci   Blydi hel! Nage! (*Yn siarad yn oreglur.*) Fi sy' 'ma!
'To. As in, wi 'di bod 'ma o'r bla'n. Nithwr? Cofio?

Hen (*yn cofio*)   O.

Mwnci   Wi angen 'nôl arian o'r tŷ, so paid dechre, OK!

Mae **Mwnci** *yn sylwi ar sach gysgu* **Hen**.

Gysgest ti ddim mas fan hyn do fe?

Hen   Gysges i ddim.

Mwnci   O fla'n ei drws hi! Crisp! (*Am y wrach.*) Welodd hi ti?

Hen   Pwy?

Mwnci   Y wrach.

Hen   Ca' fe, right! Wi byth yn cysgu.

Mwnci   Life too short ife?

Hen   Gallu bod. Gallu bod fel arall 'fyd.

Mwnci   E?

Hen   Rhy hir.

Mwnci   Paid dweud 'na, man! Downer.

Saib.

Ydw i i fod i nabod ti?

Hen   Smo fi'n credu.

Mwnci   Ni ddim wedi cwrdd o'r bla'n y'n ni? Pan o'n i'n fach?

Hen   Naddo.

Mwnci   Pan o'n i'n fabi falle?

Hen   Babi?

Mwnci   Goo goo wah wah!

Hen   E?

Mwnci   'Di clywed amdanyn nhw 'yt ti? Babis? Yeah? O! Paid becso, man.

Hen (*yn pryfocio*)   O't ti'n fabi, o't ti?

Mwnci   E? Yeah!! (*Curiad.*) O's plant 'da ti?

Hen   Beth yw hyn?

Mwnci   Ateb fi!

Hen   O's! Interrogation ife?

Mwnci   Faint?

Hen   Un. Merch.

Mwnci   Un ferch? O! A 'na fe?

Hen   Roger.

Mwnci   Galwest ti hi'n Roger?

Hen   E? Na! Roger. Affirmative. Ie.

Mwnci   O. (*Curiad.*) O wel, good. Sorted!

Hen (*ar goll yn llwyr*)   Os ti'n dweud!

Mwnci   Ges i ddim llawer o gwsg nithwr chwaith.

Saib. Dyw **Hen** *ddim yn ymateb.*

Mwnci   Wejen 'da fi. Drosto fi fel rash, man!

Hen   Big man, nag 'yt ti.

Mwnci (*yn gwenu ar ei jôc ei hunan*)   'Na beth ma' hi'n weud fyd! (*Curiad.*) Sdim unman arall 'da ti i fynd?

Hen   Beth?

Mwnci   Pam 'yt ti'n hongian 'mbyty'r lle 'ma?

Hen   Pam 'yt ti?

Mwnci   Wi'n byw 'ma. Ma' hawl 'da fi.

Hen   I hongian 'mbyty?

Mwnci   Yeah, os wi'n mo'yn. Free country nag yw hi?

Hen   Sdim byd am y wlad hyn yn rhad ac am ddim, Boyo. Ma' rhywun yn talu. O's gwaith 'da ti?

Mwnci   Na.

Hen   Pam?

Mwnci   Ddim 'to! Plans 'da fi though.

Hen (*yn ddirmygus*)   Plans!

Mwnci   O's! O's plans 'da ti te? Me don't think so! Gwaith 'da ti o's e?

Hen   Wi ar y sick.

Mwnci   Spongy sponger.

Hen (*yn gwylltio*)   Beth? Be wedest ti?

Mwnci   Hei! Temper temper!

Hen   Wi 'di brwydro am bob ceiniog ma'r wlad 'ma'n ei rhoi i fi.

Mwnci   Take a chill pill, man.

Hen (*yn gwylltio*)   Chill pill?

Mwnci   Yeah!

Hen (*curiad*)   Ie. Iawn. (*Curiad.*) 'I cholli hi'n rhy hawdd!

Mwnci   Looks like.

Hen   Ceg yn sychu. Rhwbeth yn ffrwydro. (*Yn cyfeirio at ei ben.*) Lan fan hyn.

Mwnci (*yn brolio*)   Been there, man.

Hen   Fel grenade! (*Curiad.*) Pob dim yn troi'n glaer llachar wyn. Ac wedi 'ny – tywyllwch. All hell breaks loose ma'n debyg. Ond wi'n cofio dim.

Saib.

Mwnci   Okey dokey! (*Curiad. Brolio.*) 'Di ca'l fi mewn i dipyn o crap 'fyd!

Hen   Tymer?

Mwnci   Yeah. Ond wi 'di sorto fe. Wel, mwy neu lai! O'n i'n sick o'r hassle, man.

Hen   Hassle? Sdim syniad 'da ti beth yw hassle. Wi'n gwbod beth yw hassle.

Mae **Mwnci** *yn cychwyn am ei ddrws blaen. Mae* **Hen** *yn camu i'w ffordd.*

Hen   'N ôl.

Mwnci   Be? O, man! Come on. Wi angen mynd mewn!

Hen   'N ôl!

Mwnci   Pam?

Mae'r olygfa'n rhewi.

Mwnci   (*wrth y gynulleidfa*)   'Na pryd wnes i sylweddoli bo fe 'di siarad 'da'r fenyw drws nesa!

(*Yn troi'n ôl i'r fflachatgof.*) 'Yt ti wedi siarad 'da hi? 'Yt ti?

Hen   E?

Mwnci   Y wrach? Ti wedi, nag 'yt ti?

Mae'r olygfa'n rhewi.

(*Wrth y gynulleidfa.*) Wi ddim fod defnyddio drws ffrynt fi'n hunan 'chos bo drws ffrynt fi o fewn can metr i'w drws ffrynt hi! Stupid, man!

Mae'r olygfa a'r fflachatgof yn ailddechrau.

(*Wrth* **Hen**.) Be wedodd hi? Bo fi ddim fod defnyddio drws ffrynt fy hunan ife? Beth arall wedodd hi? E? Gwrach, man! Neighbour from hell, wi'n dweud 'tho ti!

Hen   Paid â dweud 'na.

Mwnci   Pam? Nabod hi 'yt ti? Nabod hi?

Hen   Nabod hi? (*Curiad.*) Odw! (*Curiad.*) Fi yw ei thad hi.

Mwnci   No way!

Hen   Ie!

Mwnci   Ti? Tad y wrach?

Hen   Megan yw ei henw hi. Evans.

Mwnci   Crap! Sori mate, Mr Evans, OK? Do'n i'm yn bwriadu you know . . . (*Yn gadael.*) Wi mas o 'ma anyway!

Hen (*yn gweiddi ar ei ôl*)   Hoi!

Mwnci   Mynd i weld Mam. Trwy ddrws y bac, OK?

Mae **Mwnci** *yn rhedeg i ffwrdd.*

Hen (*yn gweiddi ar ei ôl*)   Dere'n ôl. Dere'n ôl wnei di. (*Curiad.*) Wi ddim 'di siarad 'da hi. (*Curiad. Yn dawel.*) Wi ddim 'di siarad 'da hi.

Mae **Hen** *yn troi at ddrws blaen ei ferch ac yn ei guro. Does dim ateb.*

Curiad.

Mae'n ysgwyd ei ben yn ddigalon, yn codi ei baciau a gadael.

Cerddoriaeth.

Golygfa Pedwar

Yn hwyr brynhawn Mawrth.

Y parc.

Mae **Mwnci** *yn eistedd. Mae ganddo fag siop ddillad wrth ei draed.*

Mwnci (*wrth y gynulleidfa*)   Siopa! Fi'n heito fe! Pnawn dydd Mawrth, OK? Nacyrd, man! 'Di bod yn chwilio am Shell drwy'r dydd. Wedodd hi bo hi'n mynd i siopa.

Fflachatgof.

Daw **Shell** *i'r golwg. Mae hi'n feddw iawn, ac wedi ei gwisgo mewn fêl briodasol a geriach arferol parti ieir, neu 'hen night'. Mae ganddi glustog wedi ei gwthio i fyny ei chrys-T, ac mae'r tegan (yr ungorn) yn ei llaw. Mae rycsac ar ei chefn yn llawn o ddillad y mae hi wedi eu dwyn.*

Shell (*yn galw*) Mwnci? Mwnci?

Mwnci   What the . . . ? (*Wrth y gynulleidfa.*) Dyw hi ddim yn hawdd bod yn foi weithie yw hi!

Shell   O'n i'n gwbod taw fan hyn byddet ti. Ti'n lico fi?

Mwnci   Yeah.

Shell   Wi'n caru ti.

Mwnci   Crisp. Wi 'di bod yn chwilio amdanot ti drwy'r prynhawn.

Shell   O.

Mwnci   Wi 'di bod rownd y dre, man.

Shell   Sweet.

Mwnci   Wi ddim yn sweet, OK!

Shell   Yeah ti yn!

Mwnci   Wi hyd yn o'd 'di bod mewn i New Look!

Shell (*yn canu*)   Here comes the bride . . . lah lah-lah lah!

Mwnci   Disturbing. New Look, man! Ych!

Shell   Lah lah-lah lah lah-lah . . .

Mwnci   Ble ti 'di bod?

Shell   Prycops!

Mwnci   E?

Shell   Tisie mynd ar honeymoon 'da fi?

Mwnci (*yn cyfeirio at y fêl*)   Pam ti'n gwisgo 'na?

Shell   Prycops gynta wedyn crawl. (*Am yr ungorn.*) Dda'th hi 'da fi. Bridesmaid!

Mwnci   Ti off dy ben.

Shell   Fi? Yeah wi yn!

Mae **Shell** *yn gwagio llond lle o ddillad haf o'r rycsac.*

See! Jamaica here I come! Bicinis a pethe.

Mwnci   Crap! (*Yn gwthio'r dillad yn ôl i'r rycsac.*) Rho nhw'n ôl.

Shell   Pam? Ma' receipts 'da fi.

Mwnci   O's e?

Shell (*yn giglo*)   Na!

Mwnci   Idiot!

Shell   Bron i fi gael fy nala.

Mwnci (*wedi dychryn*)   Ti'n jocan!

Shell   Monster yn rhedeg ar ôl fi. Fyddet ti wedi llefen 'se fe 'di dala fi?

Mwnci   Monster!

Shell   Fyddet ti wedi achub fi, Mwnci? O'dd e'n rhedeg ar ôl fi. Monster 'da ceg yn 'i ysgwydd. Yn siarad non-stop monster speak! (*Yn gwneud sŵn walky talky.*) Come in, come in, chchchchch chchchch, come in, chchch! Dropodd e 'i handcuffs though, so na'th 'na slowo fe lawr.

Mwnci   Oh what!

Shell   Gafodd e ddim good look arna i! O's rhaid hedfan i Jamaica?

Mwnci   E?

Shell   I honeymoon ni, 'chos – ti 'di gweld y DVD 'na, *Snakes on Planes*? Wi ofn hedfan ar ôl gwylio hwnna!

Mwnci   Ti ofn popeth, Shell!

Mae **Shell** *yn gwagio'r rycsac eto.*

Beth 'yt ti'n neud?!

Shell   O'dd *Snakes on Trains* yn ddigon drwg.

Mae'n cymryd crys-T gyda 'Who's the Daddy' ar ei du blaen allan o'r rycsac.

Ges i hwn i ti.

Mae **Mwnci***'n gwthio'r dillad (a'r tegan) yn ôl i'r rycsac eto.*

'Di'i ddewis e'n sbesial i ti. Ti am 'i drial e 'mlaen?

Mwnci   Smo fi'n credu!

Shell *(yn ceisio tynnu ei grys)*   Go on. Plîs.

Mwnci   Paid, OK!

Shell   Plîs?

Mwnci *(yn cyfeirio at y crys yn ei fag siopa)*   Ma' crys newydd 'da fi.

Shell *(yn tynnu ail grys 'Who's the Daddy' allan o'i rycsac)*   Buy one get one free!

Mwnci   Ond wnest ti ddim prynu un, naddo fe!

Shell   So?! *(Yn cyfeirio at ei fag.)* Wnest ti dalu am 'na, I suppose!

Mwnci   Do! O'dd Mam 'di rhoi arian i fi.

Shell   Soft touch!

Mwnci   Paid diso Mam, right. *(Wrth y gynulleidfa.)* Sneb yn diso mam fi.

Curiad.

Shell *(yn ei disgrifio ei hun)*   Wasted. *(Yn cyfeirio at ei fêl.)* Esgus bo fi'n priodi ti 'fory. Good laugh on' bydde fe. Tisie priodi? *(Yn canu.)* Hey hey we're The Monkees!

Mwnci   Be? Sad!

Shell   'Sen i'n ca'l un dymuniad 'da fairy god thingy, dyna fydden i isie. *(Yn rhoi ei llaw ar ei bol.)* Ydw i'n edrych yn dew?

Mwnci   Beth?

Shell   Wi yn, nagw i? O! Fydda i byth yn ca'l footballer nawr fydda i?

Mwnci   Ti ddim angen footballer!

Shell   Na?

Mwnci   Anyway ma' clustog lan top ti!

Shell (*yn tynnu'r glustog*)   O yeah! (*Yn cyfeirio at y crys.*) Tria fe 'mlaen. Go on. Go on!

Mwnci   Wi ddim isie fe.

Shell (*yn siomedig*)   O! (*Curiad.*) Dere adre 'da fi te.

Mwnci   Na, wi'n ffaelu.

Shell   Dyw Mam ddim gatre. Plîs dere.

Mwnci   Sori Shell, yeah, ond big day 'fory.

Shell (*am ei mam*)   Ma' hi 'da Butcher Boy 'to. Fi'n heito fe! Really really heito fe.

Mwnci   How come?

Shell   Ti'n gas.

Mwnci   Ti'n . . .

Shell   Beth? (*Curiad.*) Wi yn, nagw i? Drop dead gorgeous. (*Curiad.*) Pam ma' 'fory yn big day?

Mwnci   Weda i 'tho ti pan ti'n sobor.

Shell   Ni angen siarad, Mwnci.

Mwnci   Yeah, ond ti angen mynd adre nawr though, yeah?

Shell   Yeah? Yeah, OK. Ond siarad 'fory. (*Am y rycsac.*) Cadw hwn i fi, Mwnci.

Mwnci   No way!

Shell   Yn tŷ ti.

Mwnci   Na!

Shell   Plîs? Just am heno.

Mwnci   Os bydd y cops yn ffindo mas . . .

Shell   By' ti'n endo lan yn jail, yeah, fi'n gwbod! Ond by'n nhw ddim, by'n nhw?! Plîs? Plîs? Plîs, Mwnci? Bydd Mam yn mynd yn sgits os bydd hi'n gweld e!

Mwnci (*yn cymryd y rycsac*)   Crap, man! Ti'n boen mewn tin.

Shell (*yn gafael amdano*)   Yeah. Ond ti'n caru fi.

Mwnci   Shell. Get off! (*Yn cymryd y rycsac.*) Cer adre, OK? Cer adre.

Shell   OK.

Mae hi'n gadael. Mae **Mwnci** *yn edrych ar logo'r crys-T.*

Mwnci (*yn syn*)   Who's the Daddy?

Cyn iddo wneud synnwyr o'r logo, clywir sŵn seiren car heddlu. Mae'n gwthio'r crys yn ôl i mewn i'r rycsac.

Mwnci (*wrth adael, wedi dychryn*)   O crap! Crap, man!

Seiren/cerddoriaeth.

Mae **Mwnci**'*n ailymddangos ac yn cuddio'r rycsac yn Park View.*

Mae'n gadael eto.

Golygfa Pump

Bore Mercher.

Park View.

Mae **Hen** *a'i baciau yn ôl. Mae e newydd ddarganfod rycsac* **Shell***. Mae'n edrych trwy'r dillad. Mae'n syllu ar yr ungorn.*

Hen (*yn anwesu'r tegan*)   Perffaith.

Wedi ei blesio, mae'n rhoi'r tegan yn ei boced. Mae'n dod o hyd i fra binc ac yn ei gwisgo dros ei ddillad.

Hen (*wrth wisgo*) 'What in the name of God are you wearing, Boyo?'

'I'm wearing a bra, Sarge.'

'Whose bra, Private?'

'My girlfriend's bra, Sarge.'

'We're about to be shot to kingdom come! Why the hell are you wearing your girlfriend's bra?'

'She told me to, Sarge.'

'Why?!'

'To remind me of what I'm fighting for, Sarge.'

*Mae **Hen** yn esgus cael ei saethu. Mae'n disgyn i'w bengliniau.*

*Mae **Mwnci** yn ymddangos ar y llwyfan yn wyliadwrus yn gwisgo'i grys newydd a throwsus taclus.*

Mwnci (*wrth y gynulleidfa*)   Bore dydd Mercher. Y'ch chi'n lico'r crys?

Fflachatgof.

(*Yn gweld **Hen**.*) O na! Ddim 'to!

Hen   Beth 'yt ti'n wisgo, Boyo?

Mwnci   Fi?! Helô!

Hen (*yn anghofio ble mae e*)   Ma' dy wyneb di'n sgleinio, good-boy!

Mwnci   Ma' fe'n lân.

Hen   Dim byd ar dy ben di, Boyo!

Mwnci   Trani!

Hen   O's death wish 'da ti, o's e? Move off. Move off.

Mwnci   Wi'n mynd, paid poeni! Hei, yw'r wrach yn gwbod fod Dadi'n hoffi gwisgo lan?

Hen   Beth?

Mwnci   Yw hi?

Hen (*yn sylweddoli ble mae e; yn sylwi ar y bra*)   O! O!

Mwnci   Pinc, man! Cheeky!

Hen   Reconnoitre!

Mwnci   Foreign nawr 'yt ti?

Hen   Ben bore. Suspicious package. Tu ôl i'r bin!

Mwnci (*yn sylweddoli mai sôn am y rycsac y mae* **Hen**)   O, man!

Hen (*yn cyfeirio at rycsac* **Shell**)   Bag yn llawn o . . .

Mwnci (*wedi cynhyrfu*)   Yeah, wi'n gwbod.

Hen (*yn sylweddoli fod* **Mwnci** *yn gyfarwydd â'r rycsac; yn pryfocio*)   Be sy'n bod 'da pinc?

Mwnci   E? Rho'r bag i fi.

Hen (*yn pryfocio*)   Not my colour? Ife 'na beth ti'n weud?

Mwnci   Dyw e ddim dy seis di chwaith sa i'n credu! (*Yn daer.*) Rho'r bag i fi.

Hen   Pam?

Mwnci   Give.

Hen   O ble da'th e?

Mwnci (*yn cipio'r rycsac*)   Cadw dy big mas, right?

Hen   Ti sy' wedi'i ddwgyd e?

Mwnci (*yn daer*)   Nage! Nage, right? No way! (*Am y rycsac.*) Ti 'di bod trwyddo fe? 'Yt ti? Perv! 'Drych, paid hongian 'mbyty fan hyn wedi gwisgo fel 'na.

Hen   Pam?

Mwnci   Rhag ofn i bobl feddwl bo fi into it! Gaylord!

Hen   Gwranda, y llipryn bach di-ddim . . . Ma' isie i ti dyfu lan.

Mwnci   O! O's e?

Hen   Dysgu un neu ddau o bethe am y byd.

Mwnci   Rhywbryd arall, OK.

Hen   Dysgu rhwbeth bach am barch.

Mwnci   O! (*Yn gwylltio.*) A pwy sy'n mynd i ddysgu fi? E? Ti? Be ti'n wbod am ddim byd?

Hen   Wi'n gwbod be sy'n bwysig.

Mwnci   Alci.

Hen   Gwers galed, ond wi 'di dysgu.

Mwnci   Sawl can ti 'di'i ga'l yn barod heddi?

Hen   E?

Mwnci   Ben bore, man! Wi ddim angen alci mewn bra i ddysgu dim byd i fi.

Hen   Be wedest ti?

Mwnci   Wi ddim angen . . . (*Yn colli amynedd yn llwyr.*) O just get lost wnei di. Pam 'yt ti'n dal 'ma?

Hen   Yn y byd? Cwestiwn da.

Mwnci   Fan hyn! Pam na wnei di ddim just mynd?

Hen   Wel . . .

Mwnci (*yn cyfeirio at ferch* **Hen**)   'Di twlu ti mas yn gynnar bore 'ma nag yw hi? Y wrach. 'Di ca'l digon ohonot ti? Ddim yn fenyw neis iawn yw hi? Neighbour from hell, wi'n dweud 'tho ti. (*Curiad.*) Hei! (*Yn cellwair.*) Tisie i fi sorto hi mas i ti? Sorta i ddi mas i ti os tisie! Tisie i fi'i saethu hi 'to?!

Hen (*sioc*)   Beth?!

Mwnci   Na. (*Yn gweiddi tuag at ei drws blaen hi.*) Neu by'n nhw'n slapo ASBO arna i 'to! On' by'n nhw! Man!

Hen   Saethu?

Mwnci   Yeah.

Hen   Wnest ti'i saethu hi?

Mwnci   Yeah! (*Yn difaru dweud.*) Wel . . .

Mae'r olygfa'n rhewi. Mae **Mwnci** *yn siarad â'r gynulleidfa.*

Y'ch chi wedi difaru dweud rhwbeth erio'd?!!

Mae'r olygfa yn dechrau eto.

Hen (*yn ymosod ar* **Mwnci**)   Naaaaaa!

Mwnci (*yn ei amddiffyn ei hun*)   Hang on! Hang on! Watchia'r crys! Mistake o'dd e, man!

Hen   Mistake? Mistake?

Mae **Mwnci** *yn ceisio gadael eto, ond mae* **Hen** *yn ei rwystro.*

Hen   Ble ti'n mynd?

Mwnci   Gad fi i fod.

Hen   Ble ti'n meddwl ti'n mynd?

Mwnci   Mistake, OK! Whare 'mbyty! Anelu am y gath a . . .

Hen   O gad i fi ddyfalu! Cath pwy o'dd hi?

Mwnci   A wel . . .

Hen   Dy gath di ife?

Mwnci   Wel . . . nage.

Hen   Cath 'y merch i . . . ife?

Mwnci   Be? – Yeah. Wi'n sori.

Hen   Cath ddu y wrach . . .

Mwnci   Ddim du, sort o ginger. O'dd hi ar y ffens a . . .

Hen   . . . o'dd ddim erio'd 'di gneud dim byd i ti!

Mwnci   Y ffens?

Hen   Y gath! O't ti'n mynd i saethu anifail diniwed . . .

Mwnci   Dim ond 'da BB gun.

Hen   Ble 'ma fe?

Mwnci   Dunno! (*Yn galw'r gath.*) Pws pws pws pws!!

Hen   Nage'r gath! Y dryll, y prat!

Mwnci   OK! Sori! Gymrodd y cops e. Winchester 1000X, man. Superb!

Hen   Beth?

Mwnci   Mistake o'dd e, right? Wi'n dweud 'tho ti. Gymres i shot at y gath. Na'th y pelet fwrw'r ffens, ricocheio, ac ro'dd hi . . .

Hen   'Y merch i! Dy gymydog di!

Mwnci   Yeah, OK.

Hen   Nage'r gelyn! Nage'r gelyn yw hi ife?

Mwnci   Nage! OK! Chill! O'dd hi'n plygu lawr i godi'r golch a . . .

Hen   Beth?

Mwnci   Kapow! Right on the . . .

Hen (*yn synnu*)   Hang on!?

Mwnci   . . . butt!

Hen   Saethest ti hi yn ei . . . ?

Mwnci   Thin! I know! Yeah. Anodd misso fe, man!

Hen   Ca' dy geg.

Mwnci   No offence. Ti 'di gweld 'i seis e?

Hen   Nagw!! Nagw i!

Mwnci   O'dd e yn y papure. Y stori obviously, ddim ei thi . . .

Hen   O'dd e beth?

Mwnci   Pawb yn gwbod!

Hen   Pawb yn gwbod?! (*Curiad. Bron fel petai yn cellwair.*) Pain in the butt on'd 'yt ti? E? E?

Mwnci (*yn ansicr*)   E?

Hen (*yn ei annog i chwerthin*)   Pain in the butt?

Mwnci (*yn ansicr ond yn chwerthin*)   Yeah! Suppose.

Hen (*yn dal i annog*)   Ife? Ife?

Mwnci   Ifanc o'n i, man. Kid.

Hen (*yn hynod fygythiol*)   A beth 'yt ti nawr te? Poen mewn tin? Yeah? Yeah?

Mwnci   Yeah, OK. Gad fi i fod wnei di.

Daw **Shell** *i mewn.*

Shell (*mewn braw*)   Hoi! Be sy'n mynd 'mlaen? (*Wrth* **Hen**.) Hei, gad e i fod! (*Wrth* **Mwnci**.) What the hell! Pam ma' bra 'da fe?

Hen (*am* **Mwnci** *wrth* **Shell**)   Ma' fe'n beryglus! (*Wrth* **Shell**.) Back! Back! Saethodd e 'y merch i!

Shell (*wrth* **Hen**)   Winnie the Witch! Ti yw ei thad hi?

Mwnci   Gad fi i fod!

Mae **Mwnci** *yn gwthio* **Hen** *i'r llawr.*

Shell (*wrth* **Mwnci**, *wedi dychryn*)   Mwnci!

Mwnci (*yn grac â'i hunan*)   O, man!

Shell (*yn sylwi ar grys newydd* **Mwnci**)   Smart nag 'yt ti?

Mwnci (*wrth* **Hen**)   Sori, right!

Shell   Pam 'yt ti 'di gwisgo'n smart?

Mwnci (*wrth* **Hen**)   Wi'n sori, OK?

Mae **Mwnci** *yn taflu'r rycsac at draed* **Shell** *wrth redeg i ffwrdd.*

(*Wrth* **Shell**) Cadw hwn yn tŷ dy hunan, Shell!

(*Wrth y gynulleidfa.*) Time for a sharp exit fel ma' nhw'n ddweud!

Shell   Hang on! (*Yn gweiddi ar ei ôl.*) Mwnci! Ble ti'n mynd?
(*Am y rycsac.*) Wedest ti byddet ti'n cadw fe i fi. Yn tŷ ti! (*Wrth*
Hen.) Hoi! Ife bra newydd fi yw hwnna? (*Yn edrych ar* **Hen**.)
O hang on! Ife ti yw'r nutter?

Cerddoriaeth.

Mae **Shell** *yn helpu* **Hen** *i godi. Mae'n amlwg wedi cael ysgytwad.*
Mae'n tyrchu yn ei boced am ei harmonica. Mae'n canu tiwn arno.
Mae **Shell** *yn edrych ar y dillad yn y rycsac, un ar ôl y llall. Mae*
amser yn mynd heibio.

Golygfa Chwech

Parhad.

Hwyr bore Mercher.

Park View.

Mae **Hen** *yn amlwg wedi ymlacio. Mae'n canu'r harmonica. Mae*
Shell *yn dawnsio gyda'r crys-T 'Who's the Daddy'. Maen nhw'n*
amlwg yn gyfforddus yng nghwmni ei gilydd erbyn hyn. Mae'r diwn
yn dod i ben.

Hen (*yn cyfeirio at yr harmonica*)   Hen ffrind. Mae'n bwysig
gallu difyrru dy hunan weithie.

Shell   Yeah, suppose.

Hen   Beth 'yt ti'n gneud i ddifyrru dy hunan?

Shell   Cheeky Vimtos.

Hen   Gwenwyn.

Shell   Whatever!

Hen   Ma' fe. Beth arall?

Shell   Girly nights in. 'Da Uni.

Hen   Uni?

Shell   Cuddly toy fi!

Hen (*yn anghyfforddus*)   O!

Shell   Yeah! Plentynnaidd! I know.

Hen   Plentyn wyt ti.

Shell   Get lost. (*Yn chwilio am y tegan. Yn dawel.*) Ble ma' fe?

Saib.

Hen   Beth yw d'enw di?

Shell   Shelley.

Hen   Byw 'ma 'yt ti?

Shell   Na. (*Yn sylwi ar ei fagiau.*) Ti ddim yn cysgu mas fan hyn 'yt ti?

Hen   Wi ddim 'di cysgu ers blynydde.

Shell   Shattered, te, 'yt ti!

Hen   Wi'n cadw un llygad ar agor. Gwylio. Gwrando.

Shell (*heb ddeall o gwbl*)   Bydde cau y ddau lygad yn help wi'n credu!

Hen   Ffaelu.

Shell   O. (*Curiad.*) Wi'n ca'l nightmares.

Hen   Fi 'fyd.

Shell   Wedest ti bo ti ddim yn cysgu.

Hen   Sdim rhaid i fi.

Shell   Dyn 'da bysedd mawr podgy yn rhedeg ar ôl fi 'da cyllell gig fawr.

Hen   Ife!

Shell   Am beth ma' rhai ti?

Hen   Ti ddim isie gwbod.

Shell   Ffaelu stico'r tywyllwch. Ych! Creepy! Cysgodion yn edrych fel monsters i fi.

Hen   All cysgodion ddim gneud niwed i ti. Atgofion? Ma' 'na'n beth gwahanol. (*Yn cynnig iddi ddod i eistedd.*) Gwna hen ddyn yn hapus wnei di.

Shell   Iw! Ti ddim yn bod yn weird 'yt ti?

Hen   E? (*Yn deall.*) Nagw! (*Yn ffieiddio.*) Nagw!

Shell   OK! Just checko!

Hen   Ti'n ferch gall.

Shell   Thick.

Hen   Paid dweud 'na!

Shell   Gofyn i teachers fi!

Mae hi'n gwisgo'r crys-T 'Who's the Daddy' dros ei dillad ac yna'n mynd ati i blygu gweddill y dillad, cyn eu rhoi nhw'n ôl yn y rycsac. Mae'n cynnig yr ail grys-T 'Who's the Daddy' i **Hen**.

Tisie fe? Ma' un sbâr 'da fi. Bydd e'n siwto ti!

Mae **Hen** *yn derbyn y crys-T, yn edrych ar y logo, ac yna'n ei wisgo.*

Hen   O's tad 'da ti?

Shell   O's! Wi'm yn byw 'da fe though. Fe roddodd Uni i fi. (*Yn chwilio eto am y tegan.*) Ble ma' fe?

Hen   Ond ti'n ei weld e?

Shell   Dad? Odw. Bob yn ail benwthnos. (*Yn newid y pwnc i drafod sgert.*) Wi am fynd â hwn yn ôl. Impulse buy! (*Yn pryfocio.*) Ti ddim isie fe 'yt ti? (*Yn edrych ar y label. Yn mynegi syndod.*) £6.99! Rip off!

Hen   Caru 'da'r bachgen twp 'na, 'yt ti?

Shell   Mwnci?

Hen   Enw dwl.

Shell   'Na beth ma' pawb yn galw fe.

Hen   Am aros da'ch gilydd?

Shell   Gobitho 'ny! Dyw e ddim yn dangos ei deimlade though.

Hen   Dyw e ddim yn rhwydd.

Shell Weles i fe'n llefen unwaith. Ar ôl i'w dad-cu fe farw. Softy. Sdim dad 'da fe, see.

Hen Nag o's e?

Shell (*yn cyfeirio at* **Mwnci**) Tybed ble ma' fe 'di mynd. Men! Never there when you need them ife?

Mae **Hen** *yn cytuno'n benisel. Saib.*

Shell (*yn sylwi fod* **Hen** *yn benisel*) Be sy'n bod arnot ti?

Hen (*yn grac*) Sdim dishgwl i ddyn fod 'na drwy'r amser, o's e?

Mae **Hen** *yn mynd draw at ddrws ei ferch ac yn curo. Does dim ateb.*

Saib.

(*Yn sydyn.*) Yw hi ofn Mwnci?

Shell Dy ferch di? Na! Mas heddi yw hi?

Hen Saethodd e hi!

Shell Wna'th hi SO overreacto?

Hen Overreacto? Saethodd e hi! Saethu! Ma 'i ofn e arni. Ma'n rhaid bod e.

Shell Ma' dy ferch di'n proper busybody, man.

Hen Beth?

Mae **Hen** *yn symud yn sydyn gan wthio* **Shell** *i'r llawr.*

Shell What the . . . ?

Hen Lawr!

Shell (*yn meddwl ei fod yn cellwair*) Beth?

Hen Lawr.

Shell Gwylia gwallt fi! Ti'n jocan, right?

Hen Wi ddim yn jocan. Lawr ar dy fola. Nawr.

Shell (*yn dal ddim yn credu ei fod o ddifrif*) Whatever!

Hen   Wyneb lawr tuag at y llawr.

Shell (*ddim yn cymryd y peth o ddifrif*)   No way!

Hen   Dwylo tu ôl i dy gefn.

Shell   Get off! Ma' hyn yn silly.

Hen   Paid symud.

Shell (*ychydig mwy o ddifrif*)   Pam?

Hen   Dwylo.

Shell   Ti'm yn serious? (*Yn sylweddoli ei fod e.*) 'Yt ti?

Shell   Paid symud.

Shell (*wedi dychryn*)   Wi'm 'di gneud dim byd ydw i? Wna i sgrechen.

Hen   Paid sgrechen neu. . .

Shell   Beth? (*Wedi dychryn o ddifrif.*) Gad fi i fynd, OK.

Saib.

Plîs?

Saib.

Plîs? Gad fi i fynd.

Hen   Ofn, 'yt ti?

Shell   Yeah! OK? Hapus?

Hen   Hapus? Fi? (*Saib.*) Nagw. (*Yn ei gollwng yn rhydd.*) Sori.

Mae **Hen** *yn symud i ffwrdd.*

Wnest ti overreacto!

Shell   Be?

Hen   So overreacto! Paid overreacto!

Shell   O stopa messo 'da pen fi. Be sy'n bod arnot ti? Weirdo!

Hen   Dwed wrth Mwnci am bido byth â dod yn agos at 'y merch i 'to.

Shell   Sneb yn ca'l messo 'da fi. Bydd e'n lladd ti.

Hen   Wedi lladd o'r bla'n yw e?

Shell   Get lost!

Hen   Wedodd e bo tymer 'da fe. Dwed di wrth Mwnci y bydda i'n dishgwl amdano fe os yw e'n poeni Megan byth 'to.

Shell   Sdim ofn ti arno fe.

Hen   Tisie fe ga'l dolur 'yt ti? 'Yt ti?

Shell   Nagw! (*Curiad.*) Mistake o'dd y thing 'da'r gwn, OK.

Hen   A beth os caiff e ddryll go iawn rywbryd?

Shell   Beth?! Nage gangster yw e! Duh!

Hen   Waste of space. 'Na beth yw e.

Shell   Ti'n dead, OK!

Hen (*curiad*)   Cer o 'ngolwg i. Nawr. Cer!

Mae **Shell** *yn mynd. Ar ôl iddi adael, mae* **Hen** *yn troi at ddrws ei ferch. Mae'n curo'r drws ychydig. Does dim ateb.*

Saib.

Mae'n curo eto.

Mae'n gadael.

Cerddoriaeth.

Golygfa Saith

Park View.

Mae **Mwnci** *yn ymddangos yn gafael mewn can chwistrellu paent.*

Mwnci (*wrth y gynulleidfa*)   Dydd Mercher. Diwrnod da. Diwrnod gwych! Tan amser te.

Fflachatgof.

Ystafell wely **Shell**.

Mae'r dillad o'r rycsac ar y llawr. Mae **Shell** *yn lledorwedd ar ei gwely. Mae hi'n sipian alcopop. Mae'n anwesu hosan wedi ei stwffio â mwy o sanau ac yn siarad â'r hosan.*

Shell (*am yr alcopop*)   Mango. Pwysig ca'l fy five a day! (*Curiad.*) Be ni'n mynd i neud te? Ti a fi? Ni mewn trwbwl nag y'n ni?

Daw **Mwnci** *i mewn yn llechwraidd. Mae'n gafael yn y can paent.*

Mwnci   Allright?

Shell (*wedi cael ofn*)   O! Nagw! Ble ti 'di bod?

Mwnci   Dathlu! (*Yn gwneud sŵn chwistrellu.*) Tssss!

Shell   Idiot!

Mwnci   Cheers!

Shell   Two years, no-brains.

Mwnci   No-brains? Harsh!

Mae'r olygfa'n rhewi.

(*Wrth y gynulleidfa.*) Os y'ch chi'n messo 'mbyty pan chi ar ASBO maen nhw'n gallu'ch cloi chi lan! Honest to God! Wwwww! Scary! (*Curiad.*) Na! Ma' fe really!! Eitha scary! Dyw e ddim yn mynd i ddigwydd i fi though . . .

Mae'r olygfa yn dechrau eto.

(*Wrth* **Shell**.) ASBO'n cwpla wthnos nesa.

Shell   Yeah?

Mwnci   Finito.

Shell   Wel wthnos nesa yw 'na. 'Na beth o't ti'n ddathlu?

Mwnci   Bydd e'n weird pan ma' fe 'di cwpla.

Shell   Weird?

Mwnci   Officially hard tan 'ny, nagw i!

Shell   By' ti officially yn y jail os gwelodd y nutter ti 'da hwnna heno. (*Yn cyfeirio at y can.*)

Mwnci   Pwy? Alcopop?

Shell   Dyw e'm yn yfed sa i'n credu!

Mwnci   Shwt ti'n gwbod?

Shell   Gwenwyn wedodd e.

Mwnci   Bezzy friends nawr y'ch chi?

Shell   No way!

Mwnci (*am y graffiti*)   O'n i yn y parc, ddim o fla'n y tŷ.

Shell   O. Wel ma' fe'n beryglus, wi'n dweud 'tho ti.

Mwnci   How come? (*Curiad.*) How come?

Shell   Ma' fe'n becso am 'i ferch e.

Mwnci   So? Wi'm yn neud dim byd iddi hi ydw i. Erio'd wedi. Ddim really. Wel (*Curiad.*) heblaw am y saethu thing! Shell, os yw e 'di cyffwrdd ti . . .

Shell   Be? Pam? Be fyddet ti'n neud?

Mwnci (*yn cellwair*) Lladd e!

Shell   Be?!

Mwnci   'Da bare hands fi! (*Curiad.*) Ddim really, Shell!

Shell   O. Wel, just cadw mas o'i ffordd e, OK?

Mwnci   Whatever.

Shell   OK?

Mwnci   Yeah. OK.

Saib.

Shell   Ble buest ti heddi?

Mwnci   Nosey!

Shell   O'n i'n becso amdanot ti!

Mwnci   Yeah?

Shell   Ti ddim yn two-timeo fi, 'yt ti?

Mwnci   Na!

Shell   Ti SO yn, nag 'yt ti?

Mwnci   No way! (*Curiad.*) Yw mam ti mewn?

Shell   Nag yw.

Mwnci (*yn dechrau tynnu ei grys*)   Get in there!

Shell   Na paid, OK?

Mwnci   Pam? Yw hi'n dod adre heno?

Shell   Na. Ond wi isie siarad 'da hi.

Mwnci   Pam?

Shell   A wi isie siarad 'da ti 'fyd. Mwnci. Ma'n rhaid i fi. (*Yn ceisio cael ei sylw.*) Mwnci! (*Curiad.*) Wi'n hwyr.

Mwnci (*yn edrych ar ei horiawr hi*)   Half six?!

Shell   Nage! (*Curiad.*) Wi'n hwyr.

Mwnci (*yn deall*)   Be as in . . . ?

Shell   Yeah, as in . . .

Mae'r olygfa'n rhewi.

Mwnci (*wrth y gynulleidfa*)   Bombshell! Dydd Mercher! Not such a good day after all!

Mae'r olygfa yn dechrau eto.

(*Mewn panic.*) Crap, Shell, man! No way! (*Curiad.*) Be ti'n mynd i neud?

Shell   Fi?

Mwnci (*mewn panic*)   Wel wi'm yn gallu neud dim byd ydw i?

Shell   Beth?

Mwnci   It's your body, Shell. (*Wrth y gynulleidfa.*) Ddim best line fi!

Shell   Roies i e i ti.

Mwnci   Unwaith!

Shell   Ma' unwaith yn ddigon. Duh!

Mwnci   Ni ddim 'di bod 'da'n gilydd yn hir!

Shell   So?

Mwnci (*mewn panic llwyr am y berthynas*)   Dyw e ddim yn big thing yw e?

Shell   Beth?

Mwnci   Ddim 'to.

Shell (*wedi ei brifo*)   Bach actually!

Mwnci (*wrth y gynulleidfa*)   Referee! (*Wrth* **Shell**.) Get lost! Wi'm yn cofio ti'n cwyno!

Shell   Off my face, 'na pam.

Mwnci   Ti wastad off your face!

Shell   Get lost wnei di.

Mwnci   A ti.

Saib. Mae **Shell** *yn dechrau crïo.*

O paid, OK!

Shell   Pam?

Mwnci   Fi'n heito pobl yn llefen. Sori, Shell.

Saib.

Shell   Wedest ti bo ti isie teulu.

Mwnci   Yeah but . . .

Shell   Na'r cwbl fi isie.

Mwnci   O, man! Mess! (*Wrth y gynulleidfa.*) Mess!

Saib.

Shell   Ti o'dd y cynta.

Mwnci   Beth? (*Curiad. Wedi plesio.*) Yeah? (*Curiad. Ddim mor siŵr.*) Yeah like! Whatever Shell.

Shell   Wi'n sori.

Mwnci   Babi? O, man! (*Curiad.*) Ti'n gallu sorto fe, yeah?

Shell   Beth?

Mwnci (*yn sylwi ar yr hosan*)   O crap! Beth yw hwnna?!

Shell (*yn ofnus*)   Beth? (*Yn sylweddoli am beth mae e'n sôn.*) O! (*Curiad.*) Socky!

Mwnci (*yn gwenu*)   Socky?

Shell   Fi 'di colli Uni. (*Yn gwenu.*) 'Mbach yn smelly!

Mwnci   Socky?! (*Yn gwenu.*) Ti'm yn gall 'yt ti?!

Curiad.

Shell   Just angen rhwbeth i gwtsio, Mwnci. (*O ddifrif.*) Bydd e'n OK, on' bydd e?

Mwnci   Paid dweud wrth mam ti.

Shell   Ma'n rhaid i fi!

Mwnci   Ond ddim 'to, na?

Shell (*yn obeithiol*)   O! OK. Ddim tan bo ni wedi bod at y doctor ife?

Mwnci   Be?

Shell (*yn hapus*)   O! Dere 'ma. Dere. Ma'n rhaid i ni siarad, yeah? (*Maen nhw'n cusanu.*) By' rhaid i ni ga'l tŷ a pethe. Mwnci, ti'n gwrando?

Mwnci (*ei feddwl yn bell*)   Yeah.

Shell   Mwnci, gwranda! Gei di aros heno, OK?

Mwnci (*ei feddwl yn bell*)   Yeah?

Shell   'Mond bo ti'n siarad 'da fi, Mwnci. OK?

Mwnci (*ei feddwl yn bell*)   Be?

Shell   OK?

Mwnci (*yn gwylltio*)   Be? E? Na! Wi ddim isie, OK. Wi ddim isie siarad 'da ti.

Shell   Ond ma'n rhaid i ni!

Mwnci   Wi'n seino lan, OK.

Shell   Be? No way!

Mwnci   Wedes i bo plans 'da fi. Wedes i, Shell! Six weeks yn Catterick, wedyn syth i Malta.

Shell   Get lost!

Mwnci   Fi 'di ca'l interview heddi. Dyw'r army ddim yn becso am yr ASBO os yw e 'di cwpla.

Shell   Dyw e ddim wedi.

Mwnci   Bloke fi'n nabod 'di bod i Malta ar ei wylie, right? Dweud bo fe'n no problem. Pawb yn siarad Saesneg.

Shell   Ddim yn siarad Saesneg lle bynnag ma'r rhyfel 'na though y'n nhw?

Mwnci   Pa ryfel?

Shell   Plîs paid mynd.

Mwnci   Fi'n mynd, Shell.

Shell   Beth os by' ti'n ca'l dolur, neu'n ca'l dy ladd.

Mwnci   Fydd e'm yn digwydd bydd e?

Shell   Shwt ti'n gwbod?

Mwnci   Wi just yn.

Shell   Ti ddim!

Mwnci   By'f fi'n gweld ti pan wi'n dod adre.

Shell   Pryd?

Mwnci   I dunno. Wi ar dân isie gneud hyn, Shell.

Curiad.

Shell   Wedest ti bo ti isie teulu!

Mwnci   Ond wi ddim isie bod y tad ydw i? Ni'n rhy ifanc, Shell.

Shell   Beth am y babi?

Mwnci   Wi'n seino lan. Wi'n neud e i fi. Gwna di'r peth iawn i ti.

Shell   Beth?

Mwnci   Ffonia rhywle. I dunno. Sorta fe. Tisie bywyd, yeah?

Saib.

Wedest ti y bydden i'n ca'l aros os o'n i'n siarad 'da ti.

Shell   Beth?

Mwnci   Wedest ti . . .

Saib. Mae'n amlwg nad yw **Mwnci***'n cael aros.*

Sori, Shell. Sori, OK?

Curiad. Mae **Mwnci** *yn gadael yn benisel. Mae* **Shell** *yn gwisgo'r crys-T 'Who's the Daddy' ac yn ceisio cysgu. Mae'n anwesu Socky.*

Shell   Mam? Plîs, plîs, dere adre.

Cerddoriaeth.

Golygfa Wyth

Nos Fercher.

Park View.

Mae **Hen** *yn gwrando am eiliad wrth ddrws ei ferch. Mae ungorn* **Shell** *yn ei law. Mae e'n siarad â'r tegan.*

Hen   Welest ti erio'd gymaint o gaca defaid yn dy fyw. Tair ar hugain! 'Na'r cwbl o'n i. Bois ifancach na fi 'na fyd! Croeso i uffern, blantos. Nid dafad 'yt ti ife?

Curiad. Clywir sŵn brwydr.

Duo'n wynebe. Brige 'nghlwm i'n helmede. Landing craft. Mwy fel bwced na cwch. Sefyll yn y tywyllwch, fel sardîns mewn tun. Ysgwydd wrth ysgwydd. Yn dishgwl am yr ordor i redeg am y traeth. Ofn. Mwya sydyn, sergeant major yn bloeddio ar filwr bach ifanc 'Why in God's name are you wearing a bra, Private?' (*Curiad.*) 'To remind me of what I'm fighting for, Sir.' O'dd e'n gwisgo bra pinc dros 'i iwnifform. Bra 'i wejen e. Pawb yn chwerthin nes bo nhw'n wan. (*Curiad.*) Gafodd Bra Boy 'i ladd ddau ddiwrnod cyn diwedd y rhyfel. Bloody shame. (*Curiad.*)

Medals all round. Ges i commendation 'fyd. Wi'n officially brave!

Saib.

O'n i gatre. Ar leave pan gafodd Megan ei geni. Cyn y rhyfel. On top of the world. Dim teimlad tebyg iddo fe. Fi o'dd y tad gore'n y byd. (*Wrth y tegan.*) Ond weithie ma' pethe'n digwydd i newid dyn. (*Curiad.*) Methu timlo fel fi fod i dimlo. Ddim ers blynydde. No man's land os licwch chi. Neb yn gallu achub fi. Ca'l gwared o'r atgofion sy'n llenwi 'mhen i. (*Yn troi at y drws yn galw.*) Megan? (*Curiad. Yn cyfeirio at y tegan.*) Wi 'di dod ag anrheg fach i ti.

Mae **Hen** *yn curo drws ei ferch.*

Mae **Mwnci** *yn cyrraedd o dŷ* **Shell**.

Mwnci (*wrth y gynulleidfa*)   Rhuthro adre. Pen yn llawn o fabis a pethe . . . Dim sypreisus. O'dd e'n dal 'na!

Fflachatgof.

(*Wrth* **Hen**) By' ti'n styrbo pobl.

Hen   Cer o 'ngolwg i!

Mwnci (*yn sylwi ar grys* **Hen**)   Who's the Daddy? (*Curiad.*) Falle bod hi mas. Neu'n cysgu! Gad hi i fod.

Hen   Ers pryd wyt ti'n becso amdani hi?

Mwnci   Wi ddim.

Hen (*yn gwylltio*)   Beth?

Mwnci   Wi just isie mynd i'r gwely!

Hen   Yw dy wejen di wedi siarad 'da ti?

Mwnci   Beth?

Hen   Yw dy wejen di wedi siarad 'da ti? Yw hi?

Mwnci   Yeah, ma' hi wedi siarad 'da fi!

Hen   Wel cer o 'ngolwg i felly!

Mae **Hen** *yn troi ei sylw yn ôl at y drws ac yn curo.*

Hen   Megan? Megan? Agor. Agor.

Mwnci (*yn gwylltio*)   O, man! Stopa! Stopa guro'r drws 'na! Falle bod hi just ddim isie gweld ti!

Mae **Hen** *yn troi i syllu ar* **Mwnci**. *Mae'r olygfa'n rhewi.*

Golygfa Naw

Nos Fercher.

Ystafell wely **Shell**.

Mae **Shell** *yn ei hystafell wely. Mae'n yfed. Mae dillad dros y llawr.*

Shell   Who's the Daddy?

Curiad.

Mae hi'n tynnu'r crys-T 'Who's the Daddy'.

(*Dan deimlad.*) Nobody, nobody, nobody.

Saib.

Mae hi'n estyn am ei ffôn. Mae'n syllu arno.

Shell   Gneud y peth iawn.

Saib.

Yn araf fel petai hi'n cael syniad mae'n dechrau codi'r dillad oddi ar y llawr, ac yn eu gwthio nhw i mewn i'r rycsac.

Wi'n gwbod beth yw'r peth iawn. Wi'n gwbod beth i neud. Gneud y peth iawn. OK. Y peth iawn. OK. OK.

Mae'n sicrhau mai'r crys 'Who's the Daddy' sydd ar y top.

Yn sydyn mae hi fel petai hi'n clywed sŵn.

(*Yn galw wedi dychryn.*) Pwy sy' 'na? O's rhywun 'na? Mam? Mam? Ti sy' 'na? Mwnci? Os o's rhywun 'na, just dwedwch newch chi?

Mae hi'n cilio'n ofnus iawn, iawn i gornel ei hystafell.

Golygfa Deg

Parhad o Olygfa Wyth.

Nos Fercher.

Park View.

Mae **Hen** *yn troi oddi wrth* **Mwnci** *ac yn curo'r drws eto. Mae* **Mwnci**'*n sylwi ar y tegan yn ei law.*

Mwnci   Hoi! Beth yw hwnna?

Hen   Meddwl bydde Megan yn hoffi fe.

Mwnci   Ddim un ti yw e!

Hen   Wi ddim 'di rhoi anrheg iddi ers blynydde.

Mwnci   So ti'n dwyn un?! Class! Un Shell yw hwnna!

Hen (*dan deimlad*)   Wi ddim 'di bod yn dad iddi.

Mwnci (*yn sylwi fod* **Hen** *yn crïo*)   O, man. Paid llefen.

Hen   Wnes i ddim ei rhoi hi yn y gwely. Wnes i ddim darllen stori. Do'n i ddim 'na i ddychryn y bwystfilod i ffwrdd os o'dd hi'n ca'l hunllefe.

Mae'n curo'r drws.

Mwnci   Stopa guro'r drws 'na wnei di!

Hen   Cer bant. Ma' ofn ti arni.

Mwnci   Fi?

Hen   'Na pam ma' hi'n gwrthod agor y drws.

Mwnci   Beth? (*Yn gwylltio.*) O get lost, OK!

Hen   Beth?

Mwnci   Just cer i grafu. Bydde hi'n agor y drws os o'dd hi'n mo'yn gweld ti!

Hen   Beth?

Mwnci   Ma' probleme 'da fi 'fyd, OK. Shell yn pregnant nag yw hi!

Hen   Beth? (*Curiad.*) Beth?

Mwnci   Whatever, man. Wi 'di blino. Wi'n mynd i'r tŷ.

Hen   Llongyfarchiade!

Mae'n curo ar y drws eto.

Mwnci   Paid hamro'r drws 'na neu wi'n dweud 'tho ti . . .

Hen   Babi Mwnci.

Mwnci   Bydda i'n galw'r cops!

Hen   Ti?

Mwnci   Yeah.

Hen   Ti'n mynd i fod yn dad, Mwnci! Yn dad!

Mwnci (*dan deimlad, wrth adael*)   Paid, man. (*Curiad.*) Paid, OK?

Mae **Hen** *yn ysgwyd ei ben. Yn eistedd a'i ben yn ei ddwylo. Yna mae'n estyn potel o seidr o'i fag ac yn yfed yn ddwfn cyn gorwedd i lawr i gysgu.*

Cerddoriaeth.

Golygfa Un ar ddeg

Bore Iau.

Park View.

Mae **Shell** *yn cyrraedd o flaen y tai gyda'r rycsac. Mae hi'n yfed. Mae hi'n gweld* **Hen**, *sy'n dal i gysgu.*

Shell   Ti YN cysgu mas!

Hen   Beth?

Shell   Just clear off wnei di.

Hen   Ti'n mynd i ga'l babi.

Shell   Ydw i? Pwy wedodd 'na 'tho ti?

Hen   Ti'n yfed!

Shell   A ti.

Hen   Paid!

Shell   O get lost, creep. Ma loads o ferched yn yfed cyn bo nhw'n gwbod bo nhw'n pregnant. Wi just yn esgus bo fi ddim yn gwbod 'to, a 'na fe. (*Curiad.*) Ma' fe'n seino lan.

Hen   Beth? Ma fe'n beth?

Shell   Ma' fe'n mynd i Malta.

Hen   Seino lan?

Shell   Y fyddin yw'r unig deulu ma' fe isie.

Hen   Na! Bydd y teulu 'na'n ei boeri fe mas.

Shell   Beth?

Hen   Ei yrru fe i uffern, ac yna'i boeri fe mas.

Shell   Paid.

Hen   Ond ti'n gwbod beth yw'r peth gwaetha? Pan by'n nhw wedi gneud 'na iddo fe. Ei fradychu fe. Bydd e'n gweld eu hisie nhw. Timlo hiraeth amdanyn nhw. (*Curiad.*) Beth am y babi?

Shell   Wi'n sorto fe.

Hen   Beth?

Shell   Wi'n sorto fe. (*Yn gweld y tegan.*) Hoi! Un fi yw hwnna! Rho fe'n ôl! Ble gest ti fe? 'I ddwyn e? Ife? Allen i dy riporto di. Rho fe'n ôl. Just rho fe'n ôl i fi. Pam ma' fe 'da ti? Weirdo. Cer 'n ôl i o le bynnag dest ti. Sneb isie ti rownd ffordd hyn o's e. Sneb isie ti, o's e?

Hen   Sneb isie fi?

Mae **Shell** *yn gosod y rycsac o flaen drws* **Mwnci**.

Hen   Na! Ti'n iawn! Sneb isie fi. Bydde hi'n agor y drws 'se hi'n mo'yn 'y ngweld i.

Yn sylwi fod **Shell** *yn gadael.*

Ble ti'n mynd?

Shell   I ffono rhywun.

Hen   Ti 'di gadael dy fag.

Shell   Anrheg i Mwnci.

Hen (*wrth i* **Shell** *adael*)   Bydde hi'n agor y drws 'se hi isie 'ngweld i. (*Saib.*) Bydde hi'n agor y drws 'se hi isie 'ngweld i!

Golygfa Deuddeg

Parhad o Olygfa Un ar ddeg.

Cerddoriaeth.

Mae **Hen** *ar ganol fflachatgof. Mae'n ail-fyw brwydr fel petai e yno. Clywir sŵn y frwydr.*

Hen (*a'i anadl yn brin*) Lan! Uchel. Hedfan. Pymtheg. Ugain troedfedd lan. (*Yn cwympo i'r llawr.*) A! Bwrw'r ddaear. Dim poen 'to. (*Yn rholio.*) 121 mortars. Yn tanio mwy nag un rownd. Ffrwydrad pob un yn 'y ngwthio i 'mlaen. Stop! Stop! (*Yn gweiddi.*) Ma'n rhaid 'mod i 'di marw nawr?

Mae **Mwnci**'*n ymddangos o'r tŷ.*

Mwnci O, man!

(*Wrth y gynulleidfa.*) Diwrnod newydd. Ddim 'di cysgu winc. (*Yn cyfeirio at* **Hen**.) Just pwy wi'n mo'yn gweld. Not!

(*Wrth* **Hen**.) O's raid i ti?

Dyw **Hen** *ddim yn sylwi arno.*

Hen (*fel petai'n clywed sŵn*) Machine guns? Na! Mates yn rhedeg. Dod i mo'yn fi. (*Yn rholio drosodd ar ei gefn.*) Trial rholio drosto. Ddim yn gallu symud 'y mraich i. (*Mewn poen.*) Lot o waed. Rhedeg lawr bryn. Un o wythienne 'mraich i wedi'i weindio o gwmpas bys bach y C.O. Dyw e ddim isie i fi golli mwy o waed. Gazelle helicopter, 'sbyty llong, ysbyty gatre am bron i flwyddyn gron. Wedi 'ny . . .

Mwnci (*yn llawn edmygedd*) Milwr ife? O't ti'n filwr?! Waw, man!

Mae'n saliwtio.

Hen (*ag ofn*) Aaa! (*Yn ymosod ar* **Mwnci**.) Bayonettes. Bwledi. (*Yn gweiddi.*) Pawb 'di marw. Breichie'n dal i estyn mas. Yn erfyn am drugaredd. Ifanc fel ti. O ble da'th y rhyfel 'na? O ble da'th e? Welodd neb e'n dod.

Mae **Mwnci** *yn dal* **Hen** *yn dynn, er mwyn ei amddiffyn ei hun i ddechrau, ond yna, er mwyn ei gysuro.*

Mwnci   Ma'n iawn, man. Ma' fe'n iawn. Tisie i fi 'nôl dy ferch di? Yw hi mewn? Yw hi?

Mae **Hen** *yn crïo. Mae sŵn y frwydr yn cilio.*

Mwnci   Respect, man.

Hen   Na.

Mwnci   Ti'n haeddu fe, man!

Hen   Dyw hi ddim yn mo'yn 'y ngweld i.

Mwnci   Shwt beth yw'r army?

Hen   Ddim ti ma' hi ofn. Ddim ti. Fi.

Saib.

Tad o'dd ddim yn becso am neb ond fe'i hunan. 'Na beth mae hi'n 'i gofio. Tad o'dd yn llawn atgasedd. Anobaith. Tad meddw pan o'dd e gatre o gwbl. Ffaelu timlo dim byd o'dd tad fod i dimlo. Ffaelu. Dyna be wna'th y rhyfel i fi.

Mwnci   Sori, man.

Curiad.

Hen   Wna'th 'y mhriodas i chwalu. Dim good-byes. Wna'th hi a'i mam ddiflannu. Wnes i ddim hyd yn oed chwilio amdani.

Curiad.

Ti 'di gweld dyn yn troi mewn i belen o dân erio'd?

Mwnci   Na, man!

Hen   Grenade. Tri ohonyn nhw'n sgrechen fel moch. Tynnes i ddau ohonyn nhw mas o'r tân. Es i'n ôl am y trydydd.

Curiad.

O'dd e'n rhy wael i'w achub.

Curiad.

Ond allen i mo'i adael e.

Curiad.

Bachgen fel ti, Mwnci. Babi. Yn llosgi. (*Saib.*) Saethes i fe.
Coup de grâce. Gweithred boenus i roi diwedd ar rwbeth
gwaeth. Bwled sy'n fwled drugarog. 'Na'r unig beth allen i
neud. Shwt ma' dyn i fod i allu dod 'n ôl, a bod yn dad i'w
blant ar ôl gneud peth fel'na?

Mwnci   Bydden i'n rhoi unrhyw beth i ga'l tad fel ti.

Hen   Dyw 'y merch i ddim isie 'ngweld i. Dyw hi ddim yn
fodlon agor y drws, Mwnci.

Mwnci   Be? Ddim o gwbl?

Hen   Na.

Mwnci   Be? Ti ddim 'di'i gweld hi ers cyrredd?

Hen   Ddim ers dros ugen mlynedd.

Mae **Hen** *yn estyn dryll o'i baciau ac yn ei roi e i* **Mwnci**.

Mwnci   Crap. Yw 'na for real?

Hen (*yn erfyn ar* **Mwnci** *i'w saethu*)   Gwna fe. Gwna fe nawr.

Mwnci   Crap, man. Na!

Hen   Plîs? Sneb isie fi. Gwna fe.

Mwnci   Na.

Hen   Gwna fe.

Mwnci   No way, man! No way.

Hen   Bydde milwr yn gallu. Tisie bod yn filwr, Mwnci?

Mwnci   Odw.

Hen   Wyt ti? Wyt ti?

Mwnci (*yn gweiddi*)   Odw!

Hen   Gwna fe. Gwna fe. Coup de grâce.

Mae **Mwnci** *yn anelu. Mae'r olygfa'n rhewi.*

Golygfa Tri ar ddeg

Mae **Shell** *yn y parc. Mae gyda hi ffôn symudol yn ei llaw.*

Shell   Ffono rhywle. Sorto fe.

Saib.

Mae hi'n gwneud galwad ffôn.

Hello? I want to report a break-in. It's not the first time either. He's a thief. I've seen him with stuff. He's already got an ASBO. You need to come now. Quickly. I want you to arrest him. (*Curiad.*) Yes I'll make a statement. Yes. My name? It's Shell . . . oh! (*Yn oedi. Yn dweud celwydd.*) It's . . . Megan Evans. (*Curiad.*) I'm number 15 Park View.

Mae hi'n gorffen yr alwad.

Sori, Mwnci.

Gneud y peth iawn. Wi'n gneud e, nagw i? I fi. A ti.
Ac i'r babi.

Curiad.

Ni isie bod yn deulu nag y'n ni?

Mae'n gadael.

Golygfa Pedwar ar ddeg

Parhad o Olygfa Deuddeg.

Park View.

Mae **Mwnci** *yn cerdded o gwmpas yn syllu ar y dryll yn ei law.*

Mwnci   Wi'n mynd i'r Guards.

Hen   Ti'n mynd i fod yn dad.

Mwnci   Fydd Shell ddim yn ca'l e.

Saib.

Be ni'n mynd i neud 'da babi?

Hen   Gneud yn well na wnes i.

Mwnci   Sdim byd 'ma i fi o's e?

Hen   Isie i dy blentyn dyfu lan heb dad 'yt ti?

Mwnci   Wnes i.

Hen   Hawdd i dy fam di o'dd e?

Mwnci (*yn drysu*)   O crap, man! Fydd Shell ddim yn ca'l e.

Hen   Na?

Mwnci   O, man! (*Yn anelu'r dryll at ei ben ei hun.*) Pwy sy'n dal gwn at ben pwy yn fan hyn?

Hen   Gwranda ar hen filwr wnei di. Edrycha ar ôl y pethe ti'n garu! 'Na be sy'n bwysig. Cer i'w gweld hi. Cer i'w gweld hi.

Mwnci   O, man!

Hen   Siarad 'da hi!

Mwnci   Na.

Hen   Siarad 'da hi!

Mwnci   Na! Wi'm yn colli'r cyfle 'ma. Wi 'di ffindo drws sydd ar agor. Wi'n seino lan.

Hen (*yn cyfeirio at y graffiti*)   Byddet ti'n gallu bod yn painter and decorator! (*Saib.*) Siarad 'da hi. Plîs just siarad 'da hi.

Saib.

(*Yn drist iawn.*) Dweud good-bye te. 'Na'r lleia all dyn neud.

Mae **Mwnci**'*n dechrau gadael.*

Hen   Ble ti'n mynd 'da'r gwn 'na?

Mae **Mwnci**'*n oedi.*

Hen   Bydda i'n iawn.

Mae **Mwnci** *yn rhoi'r gwn i* **Hen**.

Mae **Mwnci**'*n gadael.*

*Mae **Hen** yn codi ac yn mynd draw at ddrws ei ferch, y gwn yn ei law.*

(*Yn crïo.*) Megan? Megan? (*Yn curo.*) Wi'n sori. Wi'n sori. Wi'n sori. Wi'n sori.

Cerddoriaeth.

Mae'r olygfa'n rhewi.

Golygfa Pymtheg

Park View.

Mwnci (*wrth y gynulleidfa*)   Milwr! Pa mor cool yw 'na? O'dd rhaid i fi gymryd ei gyngor e.

Fflachatgof.

*Ystafell wely **Shell**.*

*Mae **Shell** yn chwarae gyda Uni a Socky. Dyw hi ddim yn sylwi ar **Mwnci** yn cyrraedd. Mae hi'n rhoi lleisiau i'r teganau.*

Shell   'Caru ti, Socky.'
'Caru ti, Uni.'

Mwnci   Caru ti, Shell!

Shell (*yn syn*)   Beth?

Curiad.

Mwnci   Wi isie siarad 'da ti.

Shell   Beth?

Mwnci   Angen siarad nag y'n ni?

Shell   Yeah! (*Yn cofio'r alwad ffôn.*) O crap . . .

Mwnci   Beth? (*Curiad.*)   Beth?

Shell   Mwnci . . . wi 'di . . . (*Curiad.*) Dim byd.

Saib.

Mwnci   Wi'n mynd i'r fyddin, Shell.

Shell   OK. (*Curiad.*) Wi'n mynd i ga'l y babi.

Mwnci   O, man!

Saib.

OK.

Shell   Caru fi?

Mwnci   Caru ti.

Shell   Caru ti.

Maen nhw'n cusanu.

Curiad.

(*Yn cofio'r alwad ffôn.*) O crap! Yw'r nutter 'na'n dal o fla'n tŷ ti?

Golygfa Un ar bymtheg

Park View.

Clywir sŵn brwydr. A sŵn seiren car heddlu.

Mae **Hen** *yn amlwg ar ganol fflachatgof. Mae'r dryll yn ei law.*

Hen   Halt. Halt! Who goes there? Move back, move back.

Mae'n codi'r gwn ac yn anelu at elyn dychmygol.

Come on. Come on then. Who's there? Who are you? Don't come any closer. Back! (*Yn anelu'r gwn yn dawel.*) Sneb isie fi. Sneb isie fi. (*Yn araf bach mae'n troi'r dryll i'w anelu at ei ben ei hun, gan wneud ymdrech enfawr i danio.*) Bydde milwr yn gallu. Bydde milwr yn gallu. Bydde milwr yn gallu!

Tywyllwch.

Cerddoriaeth.

Tawelwch.